추천의 글

우리 사회에서 계층을 초월해 만나서 3분 안에 합의볼 수 있는 것이 바로 교육문제이다. 아이들과 부모, 교사 모두를 불행하게 만드는 극단적인 경쟁교육모델은 이제 더 이상 지속가능하지 않다. 또 주입식 암기식 교육으론 지식정보화시대에 필요한 인재를 키워낼 수 없다. 지금 우리가 핀란드 교육혁명을 주목해야하는 이유이다. 이 책은 핀란드의 생생한 교육현장을 통해 아이들이 행복한 교육이야말로 미래의 희망을 열어가는 지름길이라는 확신을 준다.

심상정 (진보신당 대표)

이 책의 해설을 맡은 박재원 소장은 강남에서 가장 많은 학생을 상담해온 최고의 전문가이다. 그 분의 열정과 학생들을 생각하는 따뜻한 마음에 오래 전부터 감탄해온 바 있다. 한국 교육의 장단점을 정말 속속들이 알고 있는 박재원 소장은 《핀란드 교실 혁명》을 통해 우리 교육이 나아갈 올바른 방향을 제시하고 있다. 보다 많은 분들이 이 책을 통해 교육 진보를 위한 대열에 동참할 것을 바라며, 존경과 격려의 메시지를 보낸다.

이범 (교육평론가)

학생간, 학교간의 경쟁이 없이도 자발적인 학습이 정착되어 있다는 핀란드 교육은 아무래도 낯설지만 우리가 꿈꾸는 교육이다. 교육의 가치를 살피는 시선을 교실안의 학생에게 맞춘 것이 독자에게 큰 공감을 준다. 한편, 우리 교육에 대한 부정적 인식이 교육행정으로 말미암은 것인지, 사회 문화적 환경에 기인한 것인지 고민하게 한다. 그리고 고민이 깊어질수록 우리 교육에 대한 가능성에 눈을 뜨게 하는 책이다.

이상현 (대구시교육청 장학사)

이 책은 핀란드 학교의 교실에서 일어나는 수업 상황을 미세하게 관찰하고 있다. 그래서 핀란드 교육제도에 대한 다른 책들과는 달리 '핀란드 교육은 너무 좋지만 우리와는 너무 달라'라고 도망칠 수 없게 만든다. 이 책은 수업 현장을 통해 교사와 아이들과의 만남이라는 교육 본연을 건드리고 있다. 그래서 교사들로 하여금 비록 상황은 다르지만 아이들을 어떻게 대하고 그들과 어떻게 만나야 하는지에 대해 깊은 도전을 준다.

정병오 (좋은교사운동 대표)

이 책은 핀란드 교육 들여다보기를 통하여 어떠한 개선책도 힘을 발휘하지 못하는 우리 교육 현실이 무엇을 지향해야 할지를 다양한 사례로 제시한다. 핀란드의 교육정책에서부터 생생한 교실 사례에 이르기까지 저자는 시종 예리한 안목으로 분석한다. 각 장마다 달려있는 박재원 소장의 코멘트는 자칫 이상에 대한 막연한 동경으로 치부될 수 있는 핀란드 교육을 우리 현실로 끌어와 실현 가능한 과제로 녹여내고 있다.

함영기 (교실밖교사커뮤니티 대표)

핀란드
교실혁명

KAKUSA WO NAKUSEBA KODOMO NO GAKURYOKU WA NOBIRU
by Seiji Fukuta
Copyright © 2007 by Seiji Fukuta
All rights reserved.
First published in Japan in 2007 by AKI SHOBO CO.,LTD., Tokyo
Korean translation rights arranged with AKI SHOBO CO.,LTD.
through Gaon Agency, Seoul
Korean translation copyright © 2009 by ViaBook

이 책의 한국어판 저작권은 가온 에이전시를 통한
AKI SHOBO CO.,LTD.와의 독점계약으로 비아북에 있습니다.
저작권법에 의해 한국내에서 보호를 받는 저작물이므로
무단전재와 무단복제를 금합니다.

세계 최고 학력을 낳은 핀란드 교육, 교실에서부터 시작된다!

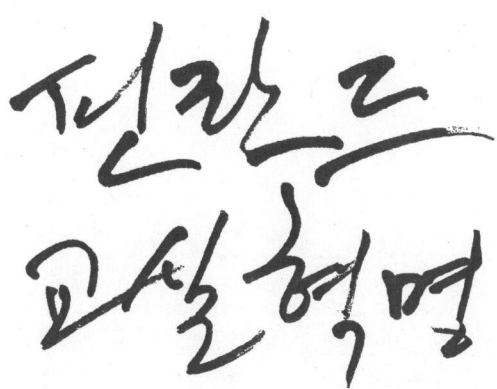

핀란드 교실혁명

후쿠타 세이지 원작 | 박재원·윤지은 옮김 | 박재원 해설

비아북
ViaBook Publisher

★일러두기
이 책은 원서를 번역한 뒤 한국의 교육 실정에 맞게 교육전문가의 해설을 덧붙였습니다. 각 꼭지 말미에 전문가의 해설을 실었고, 5장은 전체를 한국적 상황에 맞게 다시 썼습니다. 핀란드 교육에 대한 원작의 내용은 최대한 살리되 한국에서는 어떻게 적용 가능한지, 우리 교육의 문제점과 희망은 무엇인지에 대해 진지하게 성찰하고 있습니다.

■ 해설자 서문

한국과 핀란드는 정말 다르다!
하지만……

핀란드 교육의 두 얼굴

학부모 특강을 위해 고등학교를 방문했을 때 잠시 동안 교장 선생님과 대화를 나누게 되었다. 사교육기관에서 일하는 사람을 대하는 교직 사회의 태도에도 격세지감을 느낀다. 예전에는 배타적인 무시가 지배적이었지만 최근에는 우호적인 표정도 자주 만나게 된다. 그날은 매우 친근하게 호의를 베푸는 교장 선생님 덕분에 평소 생각을 스스럼없이 주고받게 되었다.

입시제도의 문제점과 학부모의 어려움 등에 대해 대화가 이어지다가 어느덧 학생 문제로 화제가 넘어가더니 핀란드 학생과 한국 학생의 학습 태도를 비교하는 대목에서 갑자기 냉랭한 기운이 감돌기 시작했다. 갑자기 핀란드 거부반응이 나타났다고나 할까.

"핀란드는 우리와 너무도 다릅니다. 현실의 차이를 외면하고 자꾸 이상적인 이야기들을 하는데……. 나는 핀란드식 교육이 우리에게는 전혀 맞지 않는다고 생각합니다."

더 이상 대화를 이어갈 수 없는 분위기가 되고 말았다.

이와는 달리 핀란드식 교육을 우리 교육개혁의 모델로, 너무 쉽게 생각하는 경향이 감지될 때도 있다. 그렇게 쉽게 생각할 수 있는 문제가 아닌데……. 그런 식으로 제도를 조급하게 이식하면 분명 거부반응이 나타날 텐데……. 핀란드식 교육을 모든 문제의 해결책으로 여기는 견해를 접하게 되면 핀란드와 한국의 현실이 다르다는 사실을 잊어서는 안 된다는 생각을 하게 된다.

일본의 교육 전문가들이 핀란드의 교육 현장을 견학하는 이야기가 이 책에도 소개된다. 동상이몽이라고 해야 할까? 핀란드 교육을 칭찬하는 후쿠다 교수와는 달리 그들은 별거 없다는 반응을 보인다. 역시 핀란드 교육은 뜨거운 감자인가 보다.

소박한 핀란드 교실 배우기

하지만 후쿠다 교수의 이 책, 바로 핀란드 교실에 대한 보고서를 거듭 읽으면서 나름대로 꼭 해야 할 역할이 있다고 생각했다. 그래서 핀란드 따라하기도, 핀란드 거부하기도 아닌, 소박한 바람을 갖게 되었다. 제도, 역사, 문화의 차이를 차치하고라도 핀란드 교실에서 우리가 당장 배울 수 있는 것 몇 가지만이라도 우리의 교실 현장에서 활용할 수 있으면 좋겠다는 바람 말이다.

몇몇 지인들에게 내 생각을 전하자 의미 있는 작업이 될 것이라는 격려가 돌아왔다. 그들의 격려에 용기를 내서 책을 다시 읽기 시작했다. 이번에는 책을 읽은 것이 아니라 후쿠다 교수의 눈을 통해 핀란드 교육의 실제 모습을 정확하고 구체적으로 관찰하기 위해 노력했다. 그리고 관찰하면서 떠오른 생각을 각 장이 끝날 때마다 기록했다.

상담 현장에서 나는 학생과 학부모의 절박한 아우성을 매일 듣고 있다. 그래서인지 이 책은 그냥 읽히지가 않았다. 끊임없는 생각을 요구했기 때문이다. 이 책을 읽지 않고 다른 일을 해도 생각은 꼬리에 꼬리를 물었다. 그렇게 떠오른 생각들 가운데 대한민국 교실의 붕괴에 대한 안타까움, 신음하는 아이들과 청소년들에 대한 본능적인 연민, 핀란드 교실에서 뭔가 해법을 찾을 수 있을 것 같다는 기대감을 정리해 기록했다.

교육이 이뤄지는 교실 현장에서부터 출발해보자. 핀란드 교육이 아니라 핀란드 교실 말이다. 핀란드 교육이라는, 대한민국 사회에서는 '이상적인' 이야기보다는 당장 실천이 가능한 소박한 핀란드 교실의 이야기 말이다.

교실 안에서 실험하고 결론내릴 수 있는 이야기만 하려고 무진 애를 썼다. 이유는 다들 잘 알 것이다. 이미 우리 교육은 너무도 많은 장애물에 에워싸여 있다. 최소한의 사회적인 합의도 어려울 정도로. 나라를 쪼개지 않는 한 국민적 합의와 기대를 가지고 새로운 교육적 실험을 하기에는 기대 난망이다. 그래서 괜히 또 다른 논쟁을 불러일으키는 것은 따질 필요도 없이 죄악이라는 생각을 평소에 갖고 있었다.

이제는 모든 이야기를 교실에서 해야 할 때가 되었다. 학교 수업 현장에서 이해 당사자인 그들에게 묻자. 기준은 간단하다. 전체 대한민국 사회가 바라는 대로 열심히 진지하게 자발적으로 공부하고 싶은 마음이 들게 하려면 무엇이 필요하고 무엇이 달라져야 하는가? 교실 밖으로 한 발짝만 나오면 너무도 많은 쟁점이 교육 본래의 취지를 질식시키고 만다.

스스로 공부하는 핀란드 학생들

조금 더 압축하면 결국 핀란드 학생들의 이야기가 될 것 같다. 핀란드 학생들은 스스로 자신의 미래를 위해서 열심히 공부하고 있다. 정말이다. 누가 시키지 않아도 스스로 공부하고 있다. 과연 가능한 일일까?

만약 우리나라 학생들에게 그런 학습 자발성이 살아난다면 과연 어떤 일들이 벌어질까? 어느 날 갑자기 핀란드 학생들이 자신의 미래를 위해 스스로 노력하게 된 것이 결코 아니라는 사실을 나는 잘 알고 있다. 노력하지 않으면 생존할 수 없는 사회적 분위기와 그에 따른 가정교육부터 우리와는 다르다. 생존을 위해 혹독한 자연환경과 싸워온 민족성과도 밀접한 관련이 있다고 한다(부모와 함께 하는 건강한 가정문화에도 주목했지만 그 이야기는 다음 기회로 미룬다. 단지 아이를 혼자 방치하면 처벌을 받는다는 이야기는 전하고 싶다. 자기가 낳은 자식이므로 자기 마음대로 해도 된다는 생각으로 인해 이미 가정에서 회복하기 어려운 치명상을 입는 학생들이 점점 늘고 있는 우리 현실에서 깊이 생각해봐야 할 대목이다).

사회적으로 청소년문화 보호정책도 치밀하게 잘 갖추어져 있다. 청소년을 유혹하는 유해환경이 거의 없다는 점에서도 큰 차이를 보인다. 스스로 공부할 마음을 가지고 지켜나갈 수 있도록 사회적인 환경이 오염되지 않은 것이다.

노력하면 누구나, 언제라도 성공할 수 있다는 사회적인 분위기가 학생 개개인의 생각에도 내면화되어 있다. 필요하면 반드시 도움을 받을 수 있는, 정교한 교육적 지원에 기회의 균등이 덧붙여져 가능한 일이리라. 마치 전과 기록처럼 한 번 성적이 떨어지면 쉽게 회복할 수 없는 우리나라와는 정말 다른 분위기이다. 언제라도 열심히 노력하면 성공할 수 있다는 믿음과 경쟁에서 낙오하는 순간 실패한다는 압박감의 차이는 정말 크지 않은가?

핀란드에서는 어린 학생은 물론 청소년들도 세심한 배려의 대상이 된다. 사소한 스트레스 요인도 쉽게 허용하지 않는 분위기를 쉽게 감지할 수 있다. 특히 교사가 학생을 대하는 태도에는 입을 다물기 어렵다. 만나기 싫은 선생님들과 늘 즐겁게 함께 시간을 보낼 수 있는 선생님들의 차이는 과연 무엇으로 메울 수 있을까? 공부에 대한 새로운 관점은 마치 숨넘어가기 직전 사막에서 만난 오아시스 같은 느낌으로 다가온다.

- 즐겁게 공부하고 유익한 결과를 얻는다.
- 좋은 평가 결과가 아니라 자신의 미래를 위한 준비 과정이 바로 공부이다.
- 획일적인 교육이 아니라 스스로 선택하고 참여하는 배움의 기회가 보장된다.

이상은 핀란드의 교육학 책에 나오는 이야기가 아니라 핀란드 학생들의 생각 속에 생생히 박혀 있는 강력한 공부의 동기이다.

우리 사회는 학생들에게 공부를 시키기 위해 정말 막대한 비용과 노력을 지불하고 있다. 우리나라 학생들이 핀란드 학생들처럼 스스로 공부하는 학생으로 탈바꿈한다면 수십조 원의 사교육비 중 최소한 절반 이상은 줄일 수 있다고 확신한다.

핀란드 학생들은 공부가 재미있다고 말한다. 우리나라에서는 그런 말을 하는 학생을 찾아보기 쉽지 않다. 우리나라 학생들의 경우 학교에 가기 싫어하는 정도가 점점 심해지고 있다. 핀란드의 학교는 학생들에게 기꺼이 가고 싶은 놀이터 같은 곳이다. 오직 시험을 치기 위해서만 공부하고 경쟁에 대한 압박감으로만 간신히 움직이는 우리나라 학생들과는 달리 스스로 무엇을 왜 배우는지 설명할 수 있는 학생들이 핀란드라는 나라에 살고 있다.

핀란드 학생들의 모습을 관찰하면서 마치 아름다운 동화책을 읽는 느낌이 자주 들었다. 그리고 그들의 이야기를 그저 동화 속 이야기로 묻어두기에는 우리나라 학생들이 너무도 비참하다는 생각에 뭔가를 해야겠다고 결심했다.

핀란드 교사들의 모습

조심스럽게 교사들 이야기도 해야겠다. 먼저 한국의 교사들은 핀란드의 교사들과는 비교할 수 없을 정도로 어려운 처지에 빠져 있는 느낌이다.

"교사들에게 핀란드는 천국이요, 한국은 지옥이다." 그저 직업인으로서의 교사에게 이 표현을 쓴다면 지나치겠지만 교육자로서의 교사에게는 지나치지 않다고 믿는다. 사회적인 신뢰와 존경심의 차이는 비교할 수 없을 정도이다. 핀란드에서 교사의 위치는 우리의 대학 교수와 맞먹는다.

또한 권한은 적고 책임은 큰 우리의 교사들에 비해 핀란드의 교사들은 교과과정의 편성과 운영에 있어서 절대적인 재량권을 보장받는다. 석사 이상의 학력을 요구한다는 제도적인 차이만으로 결코 설명할 수 없는 교사관의 현격한 차이를 보게 된다.

교사로서의 역할에 자부심이 충만한 경우와 전혀 또는 거의 그렇지 못한 경우 나타나는 차이 역시 두 나라 학생들의 차이 못지않게 깊이 고민하여 해결책을 모색해야 할 문제이다.

거듭 밝히지만 교사의 문제 역시 각종 제도와 문화의 차이에 지나치게 매몰되면 배울 것이 없다는 생각만 하게 된다. 어떤 악조건에도 불구하고 교실 현장의 우리 교사들이 제자들을 사랑하는 마음만은 핀란드 교사들에게 뒤처지지 않는다면 희망은 있다.

이 점에 오해가 없기를 진심으로 바라면서 핀란드 교실에서 무엇을 배울 것인지를 생각해보자. 교육적 소신, 또는 교육철학의 재정립 문제를 먼저 제기하고 싶다. 특히 경쟁은 스트레스를 유발하여 결국에는 교육적으로 매우 유해하다는 핀란드의 확고한 판단에 대해 진지한 검토가 절실하다. 경쟁이 가장 편리하고 가장 손쉽게 쓰이는 교육적 도구가 되어 있는 게 우리의 현실임이 분명하다. 핀란드의 판단처럼 경쟁에 대한 지나친 강조가 쉽게 회복할 수 없는 치명적인 상처를 학생들에게 남긴다면, 그런 치명상을 치유하기 위해 어떤 대가를 치러야 하는지 심각하게 고민해봐야 한다. 이미 우리의 교실이 그런 경쟁 스트레스로 중상을 입은 환자들의 집합소가 아닐까 하는 생각도 해보게 된다.

개인의 차이는 비교 대상이 아니라 배려 대상이라는 핀란드 교사들의 확고한 소신을 우리는 어떻게 봐야 할 것인가? 핀란드에서는 어느 정도 규모가 되면 학교 내에 사회복지사, 심리전문가(정신과의사), 상담 전문가, 특수교사로 팀이 꾸려져서 활발하게 활동한다.

이민자들에 대한 핀란드어 학습 지원도 전혀 형식적이지 않다. 학습 부적응자나 장애 학생을 위한 배려에도 조금의 소홀함이 허용되지 않는다. 가정 문제로 인한 학습 결손 역시 교사들이 해결해야 할 몫이라는 인식이 철저하다. 조기에 문제에 개입하여 최대한 빨리 학생이 정상 궤도에 오를 수 있게 최선을 다한다.

R과 L 발음을 제대로 구분하지 못하는 학생에게는 언어지도 특수교사가 도움을 준다. 수업의 질을 제고하기 위해 다양한 시도를 하는 핀란드 교사들의 모습에 가급적 자세한 해설을 덧붙이려고 한다. 본인이 이 책에 가필을 하게 된 가장 핵심적인 이유이기도 하다.

교사들의 자기계발을 위한 다양한 노력도 눈에 띈다. 질 높은 연수와 평생교육 차원에서 체계적으로 운영되는 다양한 배움의 기회는 부럽기만 하다. 가르치는 일에 대한 전문 역량과 동시에 연구 역량을 요구하지만 교사들에게는 부담이 아니라 오히려 좋은 배움의 기회가 되는 것 같다.

교사 개개인에게 독립적인 사고력과 문제 해결 능력을 요구하는 모습도 인상적이다. 교사들 사이의 협력은 너무도 자연스러운 교사 문화의 한 부분을 이루고 있다.

교실에서 즐겁고 재미있는 공부가 가능하다

핀란드에서는 배우는 게 재미있고 인생에 도움이 된다는 이야기를 한다. 교과서에도 그렇게 쓰여 있고 많은 학생들도 그렇게 생각한다. 어떻게 그렇게 될 수 있는지, 정말 간절하게 알고 싶다. 그 어떤 대가를 치르더라도 핀란드에서 배워야 할 최고의 과제이다. 그리고 교사들의 분발에 희망을 걸게 된다. 장시간 강제공부노동에 시달리고 있는 한국 학생들을 살릴 수 있는 사람은 바로 교사들뿐이라는 믿음 때문이다. 교실 현장의 교사들에게조차 희망을 걸 수 없다면 과연 무엇을 기대할 수 있단 말인가?

교실 밖에서는 어떤 사항도 합의할 수 없는 것(개선이 아니라 혼란만 가중된다)이 바로 우리나라의 상황이다. 핀란드에서 우리의 교사들이 무언가를 배워서 적용할 수 있다면 적어도 교실 안에서는 마음껏 펼쳐볼 수 있지 않을까? 그리고 그런 노력들이 결실을 맺어 정말 교실에서 많은 문제들이 해결될 수 있다면 어떤 일이 벌어질까?

학교의 정규 수업 시간에 학생과 학부모가 원하는 대로 제대로 공부할 수 있다면 우리 교육의 많은 문제들이 소멸될 것이다. 사교육 수요 자체가 크게 위축될 것은 불 보듯 뻔한 일이다. 학생들이 공부에 매달리는 시간도 크게 줄어들 것이다. 장시간 공부노동에 시달리다가 정신적인 문제가 생긴 학생들의 수도 급격히 줄 것이다.

학생을 중심에 세우고 학부모들을 돕는 일부터

교육 운동가들과 수많은 토론을 하면서 내린 결론을 잠깐 소개하면 이렇다. 학생들이 더 이상 망가져서는 안 된다. 학부모들의 절박한 아우성에 귀 기울여야 한다. 그다음 그들에게 제도적 개선에 참여할 기회를 줘야 한다. 그렇지 않으면 늘 고립된 싸움을 하게 되고 반대세력의 저항을 이겨낼 힘이 생기지 않을 것이다.

교사들의 개인적 행복을 위해서도 학생과 학부모의 신뢰 회복은 절실한 과제가 아닐까? 현실은 별다른 기대를 할 수 없는 지경으로 악화되어 있다. 우리 교육에서 교사들은 거의 '왕따'를 당하고 있다는 표현이 과연 지나친 것일까? 교사들이 신뢰를 회복하고 당당한 목소리로 올바른 교육을 위한 제도 개선에 나서야, 그리고 학생, 학부모와 연대해야 사회적인 영향력을 발휘할 수 있을 것이다.

마지막으로 핀란드 교육 관계자의 말을 옮긴다.

"핀란드의 교육개혁은 무척 단순한 경제적 필요성에 기반하고 있습니다. 적은 인구에 척박한 자연환경, 단 한 명도 버릴 수 없는 절박한 처지에서 나온 생각들을 실천한 결과입니다."

정말 우리나라의 교육을 이렇게 바꿔보고 싶다. 교실에서는 단 한 명도 버릴 수 없다는 생각으로 학생들을 가르치는 선생님들을 만나고 싶다. "이렇게 하다 보니 놀라운 일들이 벌어졌습니다. 그 속에서 정말 많은 희망과 대안을 찾게 되었습니다." 이렇게 말하는 선생님들을 만나고 싶다.

사실 나도 한동안 이 말이 한국 교육의 새로운 대안이 되리라고는 미처 생각하지 못했다. 그래서 이제야 비로소 후쿠다 교수의 눈을 통해 핀란드 교실에서 배운 것을 요약 정리하는 것이다.

핀란드 사람들은 공부를 못하는 학생은 없다고 생각한다. 단지 다를 뿐이라고 굳게 믿는다. 그래서 모든 학생들에게 기회를 주기 위해 분발하고 있는 모습이 역력하다.

핀란드에서는 학생 탓을 하지 않는다. 사회와 학교 그리고 교사의 탓이라고 확신한다. 그래서 온갖 노력과 시도를 통해 새로운 배움의 기회를 제공하기 위해 분발하고 있다.

핀란드에서는 교사들이 '나를 따르라'는 식의 태도를 취하지 않는다. 함께 가자는 태도를 일관되게 견지한다. 늘 옆에서 친근감을 가지고 보살피며 도와준다. 학생 한 명 한 명에게 도움을 주기 위해 핀란드 교사들은 최선을 다하고 있다.

2009년 10월
해설자 박재원

사족 나는 핀란드 전문가도, 핀란드 교육 전문가도 아니다. 하지만 공부 연구소를 운영하면서 500여 회의 강연과 1만여 회의 상담 경험으로 공부와 시험에 짓눌린 아이들의 고통을 온몸으로 느꼈고 절실히 그 해결책을 모색해왔다. 절실하면 통한다고 했던가……. 이 책은 그 절실함의 산물이다. 해설자는 그동안 여러 매체나 책을 통해 핀란드 교육의 놀라운 성과를 보면서 대한민국 교육의 대안은 핀란드에 있다고 생각했다. 그런 막연한 생각을 이 책은 확신으로 이끌어주었다. 핀란드 교육의 진면목을 관찰하게 되면서 더 많은 사람들이 '핀란드 교실 혁명'을 맛보았으면 하는 마음에서 이 책을 소개하게 되었다. 원작의 내용은 그대로 살리되, 각 꼭지 말미에 한국적 상황에 맞게 해설을 달았다. 《핀란드 교실 혁명》이 단지 일회성의 문제의식을 자극하는 데 그치지 않고 우리 교육을 바꾸는 진지한 논의의 출발점이 되기를 바라는 마음 간절하다.

차례

해설자 서문 한국과 핀란드는 정말 다르다! 하지만······ ——— 005

저자 서문 교육에서 평등성과 수월성은 결코 모순되지 않는다 ——— 018

제1장 '평등'과 '개성'이 조화를 이룬다 ——— 028

핀란드의 교육제도 | 자신을 위해 공부하는 아이들 | '8학군'이 없는 나라 | 하위권을 올리면 상위권도 올라간다 | 학업성취도가 다른 학생 진단과 수업의 개별화 | 살아 있는 지식을 추구한다 | 핀란드는 어떻게 성공했나? | 새로운 학력관과 새로운 시험 | 전문성이 살아 있는 교육제도와 전문성을 기르는 교사 양성

제2장 학력차가 있는 아이를 가르치는 유연한 방법
― 스트론베리 초등학교의 경우 ——— 090

활동주의적인 교육방법 | '여유'를 낳는 복식학급―후스카 선생의 수업풍경 | 풍요로운 지원책과 학년제의 미묘한 균형 ― 하마라이넨 선생님의 수업 풍경 | 따로 또 같이―핍프리 선생님의 수업 풍경 | '경계'를 만들기 때문에 차별이 생긴다―헤를리오 선생님의 수업 풍경 | 독자 테마로 수업을 편성한다―학교 전체를 포괄하는 활동

제3장 지역사회에 없어서는 안 되는 학교
― 프리 초등학교의 경우 ——— 186

택시로 다니는 아이들 | 잘 하는 애는 그냥 놔둔다―토르켈 선생님의 수업풍경 | 구체적인 것에서 추상적인 것을 배우는 핀란드의 교과서 | 교사의 사명은 아이들을 지원하는 것이다―로호야 시의 교육방침

제4장 인내심이 강한 수업
– 보사리 기초학교(중학교)의 경우 ——— 210

아무 말 없는 아이는 생각하고 있는 것이다 | "자신을 위해서 배우세요" – 살미넨 선생님의 수업 풍경 | 장소가 변하면 지식도 변한다 – 물린 선생의 수업 풍경 | 한 명의 낙오자도 만들지 않는다 – 나글러 선생님의 수업 풍경 | 언제 어디서나 배우고 응용할 수 있다 – 아우테레 선생님의 수업 풍경 | 철저히 '스스로 배우는 자세' – 코르펠라 선생님의 수업 풍경

제5장 진정한 핀란드 배우기 ——— 248

들어가기 전에 | 핀란드 역사에서 배우기 | 평가와 경쟁력 | 격차 줄이기와 벌리기 | 한국에서 싹트는 가능성

해설자 에필로그 죄송함, 안타까움 그리고 약속 ——— 276

■ 저자 서문

교육에서 평등성과 수월성秀越性은
결코 모순되지 않는다!*

경쟁으로 학력을 향상시킬 수는 없다

'스스로 공부'하는 아이들이 사는 나라가 있다고 한다. 게다가 시험도 없단다. 참으로 놀라운 일이다. 핀란드는 경제협력개발기구OECD가 실시하는 국제학업성취도평가PISA**에서 우수한 성적을 거두고 있다. 어떻게 그런 결과가 가능했을까? 핀란드의 성공 사례를 조사하는 과정에서 놀라운 사실이 밝혀졌다. 핀란드에는 경쟁이 없다는 사실이다. 그들은 경쟁을 통해 개인의 격차를 벌리는 방식으로는 학력을 끌어올릴 수 없다고 믿는다. 참으로 상식을 뒤엎는 결론이다. 하지만 차분히 잘 생각해보면 합리적이다.

우선 교육 시스템이 평등하게 기능하는지, 다시 말해 기회균등의 문제를 살펴보자. 핀란드에서는 1985년부터 수준별(성취도별) 수업을 중지했다. 핀란드는 사회복지가 잘되어 있고, 개인의 능력 발달이 가정이나 지역의 환경 조건에 좌우되지 않도록 아이들의 사회적, 가정적 격차를 줄이기 위해 노력한다. 왜냐하면 경쟁은 능력이 없을 것 같은 사람을 미리 탈락시켜버리기 때문이다. PISA에서 좋은 성적을 거둔 것에 대해 당시 핀란드의 교육부장관이었던 툴라 하타이넨Tuula Haatainen이 흥미로운 발언을 했다.

"우리는 잘하는 아이와 못하는 아이를 구분하지 않습니다."

"여러 연구 결과에 따르면 너무 일찍부터 아이들의 진로를 나누는 것은 위험하다고 합니다."

"9년 동안*** 차별 없이 모든 아이들에게 똑같이 투자하고 똑같은 교육 여건을 제공하면 최선의 결과가 나옵니다."

"아이스하키처럼요. 우리는 재능 있는 아이들만이 아니라 남학생이든 여학생이든 모든 아이들이 해볼 수 있게 합니다. 우리는 페어플레이 정신에 따라 누구라도 자신의 기량을 펼칠 수 있는 기회를 줍니다. 이렇게 해서 가장 소질이 뛰어난 아이를 찾아내게 되지요." 교육부장관은 북유럽 국가다운 재미있는 예를 들어 설명했다.

하타이넨 교육부장관은 "결과에서 평등을 추구하라"거나 "손에 손을 잡고 목표를 향해 같이 가자"는 말을 하지 않는다. 치열한 경쟁은 학생들이 각자의 능력을 최대한 발휘하여 각자의 적성에 걸맞은 전문가로 자라는 데 도움이 안 되고, 16세까지는 수준별 수업을 해서는 안 되며, 기회균등이야말로 능력을 키우는 최고의 방법이라고 강조한 것이다. 그녀는 좌익동맹에 소속된 정치가이지만 신자유주의를 받아들

---

* 원저에는 "'격차가 없는 것'과 '개성화'는 서로 모순되지 않는다"로 되어 있다.
** PISA: 기술과 지식에 대해 정책 지향적인 국제지표를 제공하기 위해 OECD에서 15세 학생들을 대상으로 3년마다 실시하는 연구 프로젝트이다. PISA는 Program for International Student Assessment의 약자이다.
*** 핀란드의 의무교육 기간, 즉 '종합학교'나 '기초학교'에 다니는 기간을 의미한다.

임으로써 업그레이드된 복지국가의 관점을 보여주고 있다.

'격차'를 없앤다—핀란드의 교육철학

PISA를 주관한 OECD교육국의 슐라이허 Andreas Schleicher 지표분석과장은 일본을 방문했을 때 다음과 같이 강조했다. "우리는 사회적 배경에 상관없이 모든 학생에게 평등한 기회를 주기 위해 노력해왔습니다."

그는 이렇게도 말했다. "교육의 질이 떨어져서도 안 되고, 아이의 배경이나 출신이 교육에 영향을 미쳐서도 안 됩니다."

그리고 OECD가 펴낸 〈도표로 보는 교육〉에는 학력 격차에 영향을 미치는 학교 간의 격차가 나라별로 도표화되어 있다. 일본은 격차가 대단히 컸던 반면 핀란드는 거의 제로에 가까웠다(44~45페이지 참조). 이것은 OECD가 보내는 강력한 메시지이다.

학교의 민영화 등 신자유주의를 추구한 OECD가 평등 교육을 이상으로 삼는다는 사실이 묘하게 느껴질지 모른다. 하지만 OECD와 같은 경제기구의 입장에서 보면 능력 개발이야말로 교육의 목적이고, 누구나 자유롭게 경쟁에 참가하게 하는 것이 이상적이다. 인간에게 순위를 매겨 선별하는 것이 교육의 목적은 아니기 때문이다.

그렇게 생각하면 1960년대 일본의 고도 성장과 1970년대의 경제 발전은 전후 민주 교육의 유산인지도 모른다. 전前 문화청장관이자 교육과정심의회장이었던 미우라 아카몬의 말대로 "전후 50년 동안 뒤떨어진 학생들을 끌어올리는 데만 쏟아 부었던 노력"은 중요한 의미를 갖는다.

OECD교육국의 슐라이허 지표분석과장은 이렇게 강조한다. "과거 많은 정책 입안자들이 질과 평등성 중 어느 하나를 선택해야 한다고 말했습니다. ……하지만 조사 결과 그런 말에는 근거가 없었습니다. 질과 평등성을 모두 충족시키는 교육제도가 있기 때문입니다. 일본의 교육제도가 그 예죠. 그것이야말로 우리가 추구해야 할 방향입니다." 그리고 그는 일본의 미래를 위해 이렇게 조언한다.

"교육제도를 성공시키고 평균 성적을 높이기 위해서뿐만 아니라 학생 개개인의 학력을 높이기 위해 노력해야 합니다. ……OECD는 학생들 간의 격차에 대해 매우 염려하고 있습니다. 왜냐하면 미래의 사회와 경제는 학생 개개인에게 달려 있기 때문입니다."

그는 한 사람 한 사람을 소중하게 여기고 개개인의 '격차'를 염려하는 것은 '무척 단순한 경제적 필요성'에 기인한다고 잘라 말한다.

역행하는 교육 현실

2006년 9월 파리의 OECD본부에서는 TUAC(OECD 노동조합자문위원회)와 EI(교육인터내셔널)의 합동회의가 열렸다. 그 자리에서 OECD교육국의 슐라이허 지표분석과장은 국제학업성취도평가 결과의 의미가 훼손되고 있는 것은 아닌가 하는 우려를 표했다. 그는 각국 정부가 조사 결과와는 맞지 않는 정책들을 취하고 있는 것은 아닌가 하는 위기감을 토로하고 PISA가 가진 본래의 의의가 회의에 참석한 각각의 국가들에 널리 전파되었으면 좋겠다고 말했다.

확실히 일본은 PISA 실시 이후 급속히 변하고 있다. 2001년까지 일본은 의무교육 단계에서는 수준별 편성을 공개적으로는 허용하지 않았다. 그때까지는 틀림없이 질과 평등을 함께 추구했던 것이다. 그런 토대 위에서 각자의 능력을 발휘하면 결국에는 유능한 사람이 성장할 수 있다고 생각해온 것이다. 그런데 현재 일본은 OECD의 우려대로 PISA 결과와는 반대로 달리기 시작했다.

직접 핀란드에 가보니 무척 느긋하고 진기한 수업이 펼쳐지고 있었다. 의무교육(기초교육)에 해당하는 16세까지는 상대적인 학력평가가 없었다. 공부는 자신을 위해 하는 것이라는 인식이 널리 퍼져 있었고, 교사는 학생을 돕고 정부는 지원하고 부모는 협력했다. 시험으로 몰아붙이지 않는 교육 시스템이 만들어져 있었다.

흔히 능력이 자유로운 경쟁에 의해 자유롭게 발달한다고 생각하지만 사실 시험은 자유로운 경쟁이 아니다. 경쟁을 하려면 게임의 규칙처럼 어떤 평가 척도가 필요하다. 그렇게 되면 경쟁은 그 규칙에 얽매이게 된다. 시험을 향해 짜여진 교육은 언제 어디서 무엇을 어떻게 배울 것인지에 대해 규칙을 정해버리기 때문에 교육의 본래 목적인 능력 향상을 제한하는 시스템으로 변질되어버린다. 쉽게 말해서 학력평가로 점수 경쟁을 시키면 시험에 나올 부분만 공부하고 그 이상은 배우려하지 않게 된다. 2006년 가을 일본에서는 많은 고교생들이 세계사 등 필수과목을 공부하지 않아 큰 문제가 되었다. 이렇게 시험 경쟁을 하면 정말 필요한 실력은 그다지 길러지지 않는다.

게다가 이렇게 일시적으로 주입된 지식이나 기능은 시험이 끝나면 거의 다 잊혀지는 법이다. 말하자면 시험을 위한 공부는 대개 낭비된다. 이런 낭비를 제거하면 핀란드처럼 느긋한 수업을 할 수 있지 않을까?

모든 권한을 현장으로

1990년대 전반 핀란드는 사회민주주의를 토대로 규제완화와 분권화라는 신자유주의적 움직임을 받아들여 학력에 대한 사회적 인식이 완전히 바뀌었다. 교사가 가르치는 교육에서 학생 스스로 공부하는 교육으로, 교육관도 달라졌다. 같은 시기에 교과서 검정도 폐지되고 장학관제도 같은 감시·사찰체제도 폐지되었다. 거의 모든 권한은 일선 학교로 위임되었고 정부는 가이드라인을 제시하는 수준에서 교육 여건의 정비와 정보 제공에 전념하게 되었다. 그러자 관리나 감시에 소요되던 불필요한 인력이 없어졌고 결과적으로 학급당 학생수를 줄일 수 있었다. 게다가 지식(교육과정)은 국가 관리에서 해방되어 학습 주체가 스스로 배우고 익히는 것이 되었다.

이런 움직임은 OECD나 세계은행 등 국제경제기구의 동향과 일치한다. 지식도 능력도 항상 변화하고 발전한다는 사실을 꿰뚫어본 것이다. 변하지 않는 지식은 '죽은 지식'이라고 할 수 있다. PISA는 지금까지 무엇을 배웠나가 아니라 앞으로 무엇을 할 수 있는가를 측정하려 했다. 즉 배운 지식이나 기능을 활용하여 개개인이 직면하게 될 많은 과제들을 풀 수 있게 하는 것이다. 결국 응용력, 사고력, 표현력이 중시

영·미권 모델	경제계가 바라는 이상형	핀란드 모델
신자유주의	신자유주의	신자유주의
신보수주의		사회민주주의
시장원리	시장원리	시장원리
격차를 전제로 소수가 특권을 유지할 수 있도록 관리하고 시장원리를 이용한다.	시장원리가 철저하게 관철되어 능력에 따른 공평한 대우를 목표로 한다.	현장에 권한을 부여하고 전체적인 수준을 향상시켜 격차를 없앰으로써 시장원리를 억제한다.

된다. 사실 지식이 모자라면 그때그때 배우면 된다. 결국 중요한 것은 학습 능력이다. PISA는 지금까지와는 완전히 다른 시험문제를 출제했다. 이는 유럽을 중심으로 한 선진국들이 '학력'에 대한 평가 방식을 2000년을 전후한 10년 사이에 크게 바꾸었음을 의미한다.

지식이나 기술은 항상 변한다

왜 그렇게 된 것일까? 그것은 OECD가 기초교육(의무교육, 보통교육)의 목적을 젊은이들이 사회에서 활용할 수 있는 힘을 익히는 데 두었다는 의미이다. 즉 교육의 목적을 산업발전이나 지식획득에 두지 않고, 사회의 안정된 기능 확보, 이를테면 일종의 인프라 정비로 바라보게 되었다는 뜻이다.

PISA에는 집단 속에서 '함께 일하고 함께 배우는 능력', '함께 전략을 만들어내는 힘'이 중요한 요소로 포함된다고 슐라이허는 말했다.

지식이나 기술의 내용은 개인에 따라 다른데다 항상 변한다. 학습 속도는 개인에 따라, 또 같은 개인이라도 시기에 따라 균일하지 않다. 한 사람 한 사람이 다르게 배우는 것이다. 그런 배움에 의의가 있다. 그렇기 때문에 핀란드에서는 16세까지 시험을 치러 개개인을 비교하지 않는다. 배움의 양태가 다르고 지식이나 기능의 질이 다르기 때문에 개개인을 비교하지 않고 점수를 매기지 않는 것이다. 게다가 학습해야 할 지식이나 기능에는 제한이 없다. 세상의 지식은 개방되어 있고 내용이 정해져 있는 것도 아니다.

그래서 학교교육은 제도적으로 격차가 생기지 않도록 통합되는 반면 학습은 개별적인 것으로 파악되고 개개인은 배우는 과정에서 도움

(왼쪽) 초등학교 4학년의 영어 수업 (오른쪽) 초등학교 5학년의 역사 수업

을 받는다.

국제학업성취도평가 결과를 기초로 OECD교육국의 슐라이허 지표분석과장은 중요한 사실을 지적했다.

"교육제도가 제대로 기능하기를 바란다면 각 학교가 학습 환경을 관리하도록 자유를 줘야 합니다. 가장 우수한 성적을 거둔 학교의 경우 스스로 기준을 정하는 것은 물론이고 스스로 학습 환경을 관리할 수 있도록 더 큰 재량권이 주어져 있었습니다. PISA에서 우수한 성적을 거둔 많은 나라들이 …… 일선 학교에 보다 많은 자치권을 주고 있습니다."

각 학교에 이런 자유가 있어야 "학생의 필요에 개별적으로 대응"할 수 있다고 그는 지적한다. "교사는 모든 문제를 해결해주고 진로를 지정해주는 게 아니라 개개 학생에게 적절한 학습 환경을 만들어줘야 합니다. …… 서로 다른 배경과 능력을 지닌 채 서로 다른 진로를 목표로 하는 학생들에게 매우 개별화된 배움의 기회를 주는 것입니다."

놀라운 수업을 보러 가다

필자가 핀란드의 학교를 처음 방문했을 때 수업 중에 뜨개질을 하거나 수다를 떨거나 바닥에 앉아 있는 아이들을 보고 어이가 없었다.

일본에서는 '핀란드 방식'이라는 제목이 붙은 책들이 팔리고 있다. 하지만 어떤 틀을 정해 배움을 강제하는 교육은 핀란드 방식이 아니다. ○○ 방식이란 몇몇 학교에서 특정 시기에 사용하는 방법에 지나지 않는다. 따라서 그 방법만으로 학력을 신장시킬 수 있다고 오해하는 사람이 있다면 핀란드 교육을 잘못 이해하고 있는 것이다.

그러면 '시험이 없는데 공부'하거나 '진도가 다른 아이들이 함께 공부'하는 일이 실제로 가능한 것일까? 그래서 핀란드의 교실을 밀착 조사해보기로 했다.

먼저 2005년 12월과 2006년 9월에 방문한 학교는 헬싱키 시내의 스트론베리 초등학교였다. 이 학교는 인터넷은 물론 여러 나라의 언론에 이미 소개되었다. 이 학교는 핀란드를 대표하는 좋은 사례로 볼 수 있다.

다음으로 2007년 2월 핀란드 국가교육위원회가 주최한 세미나 때 참관했던 초등학교 수업을 소개하고 싶다. 당시 방문한 학교는 헬싱키에서 50킬로미터 떨어진 로호야 시에 위치한 농촌 초등학교였다. 학교의 이름은 프리 초등학교인데 복식학급*으로 구성된 작은 학교였다. 그런데 핀란드 초등학교의 절반은 이런 학교라고 한다. 참관자들이 보기에는 조건이 그다지 좋지 않았다.

마지막으로 2007년 2월에 방문한 헬싱키 동쪽 끝의 보사리 기초중학교의 수업 풍경을 소개할 것이다. 최근 개발된 헬싱키 교외의 주택

단지에 위치한 보사리 기초중학교는 헬싱키에서는 매우 평범한 중학교에 속한다. 이곳에서는 어떤 수업이 전개되고 있는지, 어떤 수업이 가능한지 구체적인 예를 보면서 생각해보자.

---

*두 개 이상의 학년을 하나의 교실에서 또는 한 명의 교사가 담당하는 학급.

핀란드에서는

의무교육 기간인 16세까지

타인과 비교하는 시험도 없고 경쟁도 없다.

필수적으로 이수해야 할 수업이 많은 것도 아니다.

그런데도

세계적으로 주목받는 높은 학력을 자랑한다.

그 비결은 뭘까?

제**1**장

'평등'과 '개성'이 조화를 이룬다

핀란드의 교육제도

제도적으로 보면 기초학교(초등과 중등 과정에 해당)는 9년제로 되어 있다. 하지만 실제로는 많은 학교가 초등학교, 중학교, 고등학교로 나뉘어 있다. 적은 수이기는 하지만 지역에 따라 4년제 초등학교를 두기도 하고 9년제 학교를 두기도 하며 중고등학교가 통합된 6년제 학교를 두기도 한다. 연간 수업 일수는 190일이다.

7세가 되는 해의 8월에 기초학교에 입학한다. 하지만 정당한 이유가 있으면 개인에 따라 6세나 8세에도 입학할 수 있다. 6세에 입학하는 것은 지역에 유치원이 없어 초등학교에 딸린 취학 전 학급(일종의 부속 유치원)에 보내기 위해서이다. 다른 아이들보다 조금이라도 먼저 교육을 시키려는 목적과는 전혀 상관이 없다.

아이들은 대부분 집과 가까운 학교에 다닌다. 하지만 아이가 교사와 잘 맞지 않거나 모국어 수업이 실시되지 않는 경우에는 다른 학교를 선택할 수 있다.

그림1-1 핀란드의 교육제도

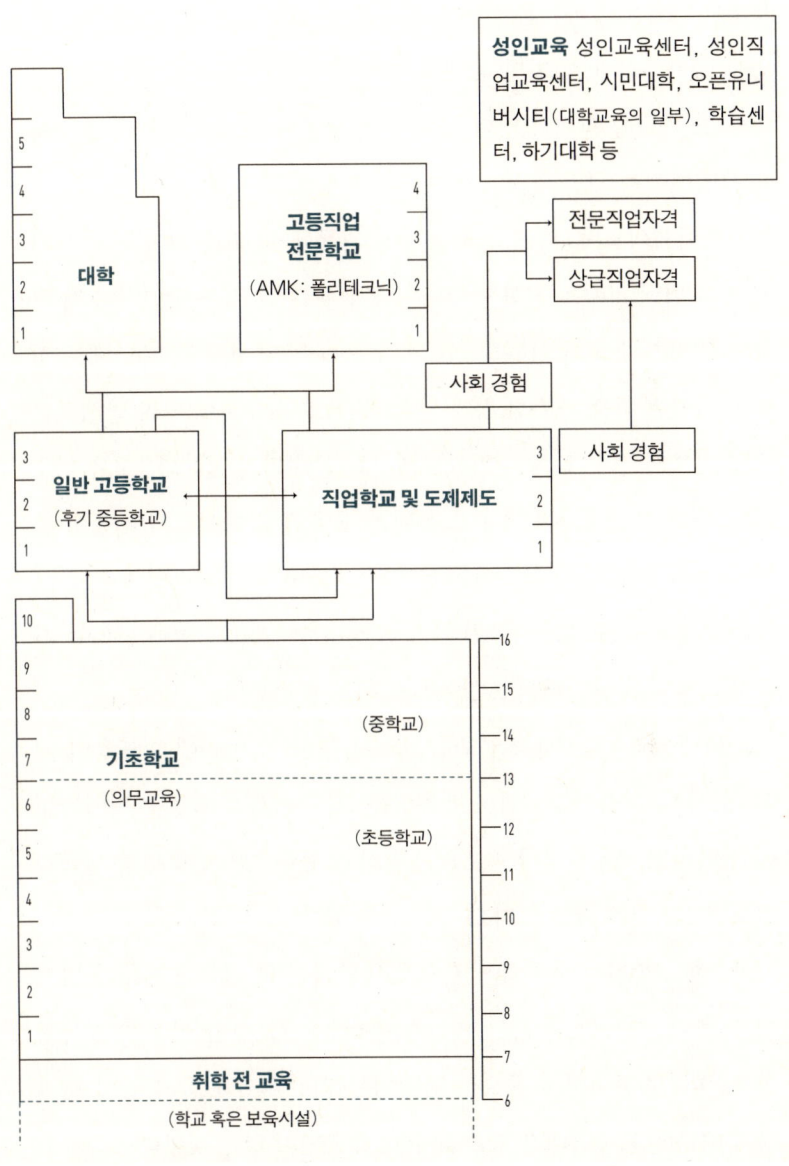

제1장 '평등'과 '개성'이 조화를 이룬다

교육 방식을 살펴보자. 초등학교에서 수학과 언어(국어와 외국어, 대개 영어, 스웨덴어) 과목은 적은 인원으로 학급을 편성하고 계통적인 학습을 밟아나간다. 하지만 다른 교과의 경우 여러 과목을 유연하게 통합한 그룹 학습 형태가 많다. 교과목의 구분이 보다 명확해지는 중학교 수업에서는 개인 학습이나 그룹 학습 등이 중시된다.

기초학교의 최종 학년이 되면 주요 과목에 4~10점의 평점이 매겨지고 그 평균 점수로 진학할 학교가 결정된다. 평점은 담임이나 각 과목의 담당자가 국가 차원의 기준에 근거하여 결정한다. 10단계로 점수를 매기는 다소 느슨한 평가 방식도, 학교나 교사에 따라 발생하는 어느 정도의 점수 차이도 핀란드에서는 문제되지 않는다. 교육의 주체가 학생 자신이라는 학습자 본위의 교육관이 확고하기 때문이다. 또 성적이 좋지 않을 경우에는 본인의 희망에 따라 1년 더 무료로 교육(10학년 과정)을 받을 수 있다. 그런 경우 총 1,100시간에 달하는 전용 커리큘럼이 만들어지고 교과서도 따로 준비된다.

10학년이 있다는 사실은 학습 속도가 느린 아이들에게 도움이 된다. 또한 이민 자녀들에게도 유용하다. 10학년을 수료하고 직업학교에 입학하면 1년 월반할 수 있다. 일반 고등학교에 입학해도 실력만 있으면 2년 만에 학점을 따고 수료할 수 있다.

기초학교까지는 사회적 인간으로 발달하는 데 필요한 기초를 다지는 교육이, 고등학교(후기 중등교육)부터는 전문성을 키우는 교육이 실시된다. 중등에서 고등으로 넘어가는 과정에서 교육의 질이 달라지기 때문에 완충지대 역할을 해주는 10학년이 있는 것이다.

2002년 현재 일반 고등학교에 55퍼센트, 직업학교에 37퍼센트, 10

학년에 2퍼센트가 진학했고, '직접적으로는 진학하지 않은' 사람이 6퍼센트였다. 여기서 '직접적으로 진학하지 않았다'는 것이 무슨 의미인지 알아보자. 이는 진학을 포기하거나 취직을 한다는 의미가 아니라 필요한 사회 경험을 쌓으면서 공부를 계속하는 '생애 학습'에 기초한 선택이다. 중간에 학업을 포기하고 낙오자가 되는 경우와는 거리가 멀다.

고등학교들 간의 학력 격차는 거의 없기 때문에 대부분 근처 학교에 진학한다. 일반 고등학교의 1년은 5~6학기로 나뉘어 있다. 처음부터 학년 구분은 없고 학생은 자신이 선택한 교과목에서 학점을 따면 된다. 대학입학자격시험위원회가 실시하는 대학입학자격시험이 1년에 두 번(봄과 가을) 실시되는데 시험에 연속으로 세 번 응시하여 지정된 네 과목에 합격하면 기초 자격을 딸 수 있다. 대학입학자격시험의 문항은 모두 서술식으로 주로 지식을 어떻게 응용할 것인지를 묻는다(한 과목당 여섯 시간이 주어진다). 따라서 암기식으로 공부하면 합격할 수 없다. 대학입학자격시험에 포함된 과목 외에 자신의 전문성을 키우는 데 필요한 교과를 학습한다.

직업학교는 직업자격을 취득하기 위한 전문학교로 2년제나 3년제로 운영된다. 일반 고등학교를 졸업한 후 입학하기도 하고, 여러 직업자격을 따기 위해 여러 번 다니는 학생도 있다. 결국 일본의 직업고등학교와는 제도가 다르다. 직업학교는 단계로 보면 후기 중등교육(우리의 고등학교) 과정에 해당되며 일반 고등학교를 포함하여 핀란드의 16세 이하 진학률은 92퍼센트이다.

대학입학은 대학입학자격시험의 성적과 대학별로 실시되는 입학

시험의 성적으로 결정된다. 대학에서 실시하는 시험은 학부별로 전공 공부가 가능한지를 확인하는 것이다.

대학입학자격시험에 합격해도 실제로 대학에 입학할 때까지는 평균 2, 3년이 걸린다. 핀란드 학생들은 바로 대학에 입학하지 않고 사회 경험을 쌓으면서 자신이 하고 싶은 일을 찾아보기 때문이다.

대학 외에 고등교육기관으로 고등직업전문학교가 있다. 전문학교를 재편한 것으로 1996년 대학과 동급으로 격상되어 비즈니스, 보건, 기술 등 실제적인 전문교육을 실시한다. 이와 같은 직업교육과정은 세계적으로도 효율적인 시스템으로 평가받는다. (일반)대학에는 같은 연령대의 약 30퍼센트, 고등직업전문학교에는 약 35퍼센트가 진학한다. 핀란드는 전체 학생의 65퍼센트가 고등교육기관에 진학하는 고학력 사회이다.

모든 학교의 수업료는 무료이다. 9학년까지 기초학교에서는 워크북이나 노트 등 교재와 학용품도 무상으로 지급한다. 또한 고등학교까지는 급식비도 무료이다. 통학을 위한 교통비나 하숙비도 지급된다. 대학의 경우 급식비는 유료지만 학생자치회에 가입하면 생필품을 시가보다 싸게 구입할 수 있다.

Commentary

핀란드 vs 대한민국

사람을 위한 제도, 학생을 위한 제도

핀란드의 교육제도는 매우 탄력적이다. 또한 어떤 제도를 운영할 때 처음부터 끝까지 변화 없이 원래의 틀을 고집하기보다는 다양한 변수를 창조적으로 수용하여 진화시킨 흔적을 곳곳에서 찾아볼 수 있다.

학생을 위한 제도 핀란드 교육제도의 가장 중요한 특징은 바로 사람을 위한 제도, 특히 학생을 위해 만들어지고 진화되는 제도라는 점이다. 천천히 배우는 학생들을 위한 10학년제가 대표적인 예이다. 게다가 교사가 마음에 들지 않으면 다른 학교로 옮길 수 있다니……. 우리로서는 쉽게 납득하기 어려운 대목도 보인다. 하지만 행정편의주의에서 벗어나 학생 한 명 한 명을 소중하게 생각한다면 당연한 제도가 아닐까?

학제 운영의 탄력성 다양한 학년제, 다양한 초중고등학교 모델, 진학 경로의 다양성도 부가된다. 지역의 사정과 학생 개개인의 조건을 충분히 고려하여 탄력적으로 제도를 운영하는 것이다. 가장 중요한 것은 획일적이지 않다는 점이다. 10학년제를 운영하지 않는 지역도 있다. 나중에 소개할 로호야 시의 경우 학생을 소수로 남겨두기보다는 동료 학생들과 함께 진학하게 하는 편이 낫다는 판단에 따라 10학년제를 운영하지 않는다.

수업 진행의 탄력성 학급과 과목의 경계를 뛰어넘어 테마별로 그룹 학습을 한다. 또한 학년별 구분도 일부 과목을 제외하고는 거의 무시된다. 이 부분은 나중에 자세히 다룬다.

기초학교의 역할과 의미

핀란드에서는 우리의 초중등과정에 해당되는 9학년까지를 기초학교라고 부른다. 여기서 기초라는 말에 주목해야 한다. 즉 학생 개개인의 학습 능력과 판단 능력을 키워서 고등학교 때부터 전문성 교육을 실시한다는 점을 눈여겨보아야 한다.

기초학교의 경우 서열을 매기는 평가 방식은 법적으로 엄격하게 금지된다. 기초학교에서는 학생들을 경쟁 스트레스로부터 보호하는 대신 공부에 대한 올바른 태도가 형성된 다음부터 경쟁을 인정한다.

무상교육에 대한 이야기는 논외로 한다. 단 개개인의 배움에 장애물이 없도록 국가가 직접 나서서 최선을 다한다는 점만큼은 새겨두어야 한다. 상급 학교 진학률과 대학입시도 쉽게 거론할 수 없는 문제이다. 핀란드는 학력 사회가 아니라서 명문대학을 졸업해야 사회적으로 유리하다는 인식 자체가 없다. 따라서 핀란드는 우리와는 다르다는 식의 단순한 판단은 별로 도움이 되지 않는다.

생각거리

질문 학생이 어떤 문제를 일으켰는데 마땅히 적용할 만한 학칙이 없다. 한국에서는? 핀란드에서는?

해답 한국에서는 가장 연관성이 있는 학칙을 적용하여 신속하게 처벌한다. 반면 핀란드에서는 교육적으로 당사자를 보호할 수 있는 새로운 규칙을 만들기 위해 노력한다.

자신을 위해 공부하는 아이들

핀란드 아이들은 스스로 공부한다. 왜일까? 공부는 자신을 위한 것이라는 생각이 있기 때문이다. 한마디로 핀란드에서는 아이들에게 배움을 강요하지 않는다. 하지만 누구든 스스로 공부하겠다는 의사만 있다면 쉽게 배울 수 있도록 교재가 치밀하게 개발되어 있다. 또한 교사는 배움을 격려하고 학생 개개인의 진도에 맞춰 언제든 도와줄 태세를 갖추고 있다.

핀란드를 방문했을 때 일본어를 공부하는 고등학생들에게 물어본 적이 있다. "핀란드에서는 누가 시키지 않아도 자신을 위해 스스로 공부한다고 하는데 그게 정말인가요?"

그 자리에는 핀란드에서 자란 일본인 고등학생 네 명(남학생 한 명, 여학생 세 명)과 초등학교 때부터 일본어를 배운 핀란드인 고등학생 한 명(여학생)이 있었다. "자신을 위해 공부하는 건 당연하죠." 모든 학생이 이구동성으로 대답했다. "그리고 우리가 공부를 하든 말든 선생님한테는 남의 일인 걸요"라고 덧붙이기까지 했다.

어린 시절부터 자신의 인생은 자신의 것이므로 어떻게 살지를 결정하는 것은 각자의 몫이라는 교육을 받는 듯했다. 그들은 결코 다른 사람을 위해 공부하지 않는다.

한 가지 덧붙이고 싶은 것은 국적과는 상관없이 환경이 바뀌자 모든 학생들이 자신을 위해 공부해야 한다는 생각을 갖게 되었다는 점이다. 게으르다고 비난받는 젊은이들을 무조건 비난해야 할지 아니면 그들 스스로 공부하도록 키워내지 못한 사회를 비난해야 할지 한 번 생각해 볼 문제이다.

그렇다면 핀란드 아이들은 어떤 이유로, 그리고 어떻게 해서 자신을 위해 공부하게 된 것일까?

Commentary

핀란드 vs 대한민국

스스로 공부한다

핀란드 교육의 가장 충격적인 모습은 바로 스스로 공부하는 학생들이다. 핀란드에서 나는 진정한 자기주도 학습의 전범을 만날 수 있었다. 최근 우리나라에서 붐을 일으키고 있는 자기주도 학습도 그 앞에서는 정말 초라해지고 만다. 자기주도성을 인정하지 않으면서 공부할 때만 자기주도성 운운하는, 정말 '눈 가리고 아웅한다'는 표현이 절로 떠오르는 상황이다.

스스로 공부하지 않는 아이들

누가 시키지 않아도 자신의 미래를 개척하기 위해 스스로 공부한다는 생각이 핀란드 학생들의 생각 속에 늘 살아 숨 쉬고 있는 것 같다. 이것이야말로 어떤 희생을 감수하고라도, 어떤 투자와 노력을 해서라도 우리 사회가 반드시 추구해야 할 가장 핵심적인 교육적 과제가 아닐까? 공부하기 싫어하는 학생들을 억지로 공부시키기 위해 지불하는 비용을 생각해보라.

자발적으로는 공부하지 않는 아이들을 공부시키기 위해 우리는 지금 어떤 대가를 지불하고 있는가?

시간 낭비 스스로 공부하면 쉽게 해결될 문제인데 억지로 학생들을 공부시키기 위해 0교시 수업, 야간자율학습, 방학과 학기 중의 보충학습을 강요한다.

비용 낭비 혼자 두면 공부는커녕 게임이나 인터넷에 빠져 망가지는 것을 예방하기 위해 자기주도 학습관(신종 학원)이나 도서관, 독서실, 학원에 보내야만 한다.

정신력 낭비 교사나 학부모는 강제로라도 공부를 시키려고 애를 쓰는 반면 공부하기 싫은 학생들은 어떻게 해서라도 빠져나가기 위해 온갖 잔꾀를 부린다. 그 과정에서 발생하는 스트레스를 측정한다면 과연 어떤 수치가 나올까?

행복의 낭비 자녀가 수험생이 되면 정상적인 가정생활은 불가능하다. 유아기부터 자녀의 공부를 위해 너무도 많은 것을 희생하는 것이 우리의 가정이고 부모이다. 만약 핀란드 아이들처럼 우리 아이들도 스스로 공부한다면 가정에는 늘 웃음꽃이 피지 않을까?

국가 경쟁력의 낭비 가정 차원으로 좁혀서 생각해봐도 국가 경쟁력의 낭비라는 말이 결코 과장이 아님을 알 수 있다. 사회적으로 인정받고 있는 유능한 아빠도 자녀가 공부를 게을리하면 정신적인 에너지를 대부분 아이 문제로 소모하기 십상이다. 또한 생산적인 여가생활이나 건전한 가족 단위의 활동도 물 건너간다. 쉽게 말해서 아이가 공부 때문에 속을 썩이기 시작하면 사회생활도 제대로 하기 어렵다.

아이가 속을 썩여 살맛도, 일할 맛도 나지 않는다고 푸념하는 아빠들이 자녀의 공부 문제로 소모하는 정신적인 에너지를 금액으로 환산하면 과연 얼마나 될까? 엄마들은 더욱 심각하다. 사회에 필요한 역량을 가지고 있음에도 아이를 공부시키는 데만 매달려 자신의 능력을 썩히고 있는 엄마들이 어디 한둘인가. 정규 대학 졸업 후 사회생활을 통해 갈고닦은 능력이 아이의 공부 문제에 얼마나 큰 도움이 될까? 이렇게 낭비되는 인적자원을 계량화한다면?

아무리 사정이 다르다지만……
공부를 대하는 태도에서 나타나는 근본적인 차이는 과연 무엇에 기인하는 것일까? 이 책을 보면 곳곳에서 핀란드 사람들의 생각을 읽을 수 있다. 그들의 태도는 생존 자체를 위협하는 척박한 자연환경, 스스로 노력하지 않으면 삶을 이어가기 힘든 자연환경의 산물이라는 분석이 나온다. 강대국 사이에서 어렵게 이어온 국가의 명운, 그리고 국민의 자각도 한몫한다. 적은 인구로 인해 단 한 명의 낙오자도 허용하지 않겠다는 교육적 노력의 결실이라는 말도 나온다.

자연환경은 한국이 훨씬 좋고 인구수도 압도적이다. 하지만 사람의 중요성과 관련하여 국가적으로나 개인적으로 과연 어떤 차이가 있을까? 아직은 학생들이 소극적으로, 다시 말해 억지로 공부해도 별문제가 없을 만큼 우리 사회는 여유가 있는 것일까?

공부에 대한 학생들의 태도 차이는 정말 철저한 연구를 통해 구체적인 원인을 규명함으로써 우리 사회가 당장 배워야 할 핀란드 교육의 정수라고 생각한다. 그 어떤 노력과 희생을 감수하더라도 우리의 교육이 반드시 배우고 따라야 할 절체절명의 과제라고 생각한다.

만약 우리 학생들이 어느 날 갑자기 자신의 미래를 개척하기 위해 스스로 공부하게 된다면 과연 어떤 일들이 벌어질까를 상상하는 것만으로도 어마어마한 변화의 회오리가 느껴진다. 상상만으로도 너무나 큰 환희가 벅차오른다.

생각거리

질문 어떤 학생이 갑자기 공부는 게을리하고 게임에만 매달린다. 과연 한국과 핀란드는?

해답 한국에서는 아직 철이 없어서 그렇다고, 개인적으로 정신을 못 차려서 그렇다고, 공부는 원래 지겨운 것이기에 당연한 것 아니냐는 반응이 나타난다. 핀란드에서는 과연 어떤 모습일까? 무엇이 과연 그 아이를 그렇게 만들었는지 심각한 문제 제기와 함께 진지한 연구 활동을 전개한다. 나아가 과연 나라와 사회 그리고 학교와 교사가 무엇을 잘못해서 그렇게 되었는지 심각한 자기반성과 치밀한 대책 마련에 나선다.

'8학군'이 없는 나라

핀란드에서는 거의 모든 아이가 집 근처에 있는 학교에 다닌다. 국제적으로 비교해봐도 학교 간의 격차는 거의 없다. 아이들의 학력 격차는 조사 대상 국가 중 가장 적고, 그 대부분은 학교 내의 격차였다. 〈국가별 학력 격차와 그 요인〉(그림 1-2, 1-3)을 보면 복지국가의 경우 각 가정의 사회경제적인 격차가 훌륭하게 해소되고 있음을 알 수 있다.

그림 1-2, 1-3은 OECD국가 전체의 성적 편차를 100으로 놓고 계산할 경우 중심축의 좌측은 학교의 차이로 설명되는 부분이고 오른쪽은 학교 안의 차이, 다시 말해 개인의 차이로 설명되는 부분이다. 그래프로 보듯이 핀란드에서는 잘하고 못하는 것이 자신의 문제일 뿐이지 가정환경이나 학교의 문제가 아니라는 사회적인 조건이 만들어져 있다.

학교제도가 조금 다르기 때문에 조사 대상이 되는 15세의 학생은 한국과 일본에서는 고등학교 1학년, 유럽과 미국에서는 중학교 3학년이다. 일본의 경우 이 시기는 의무교육이 끝난 때라서 학교 간의 격차가

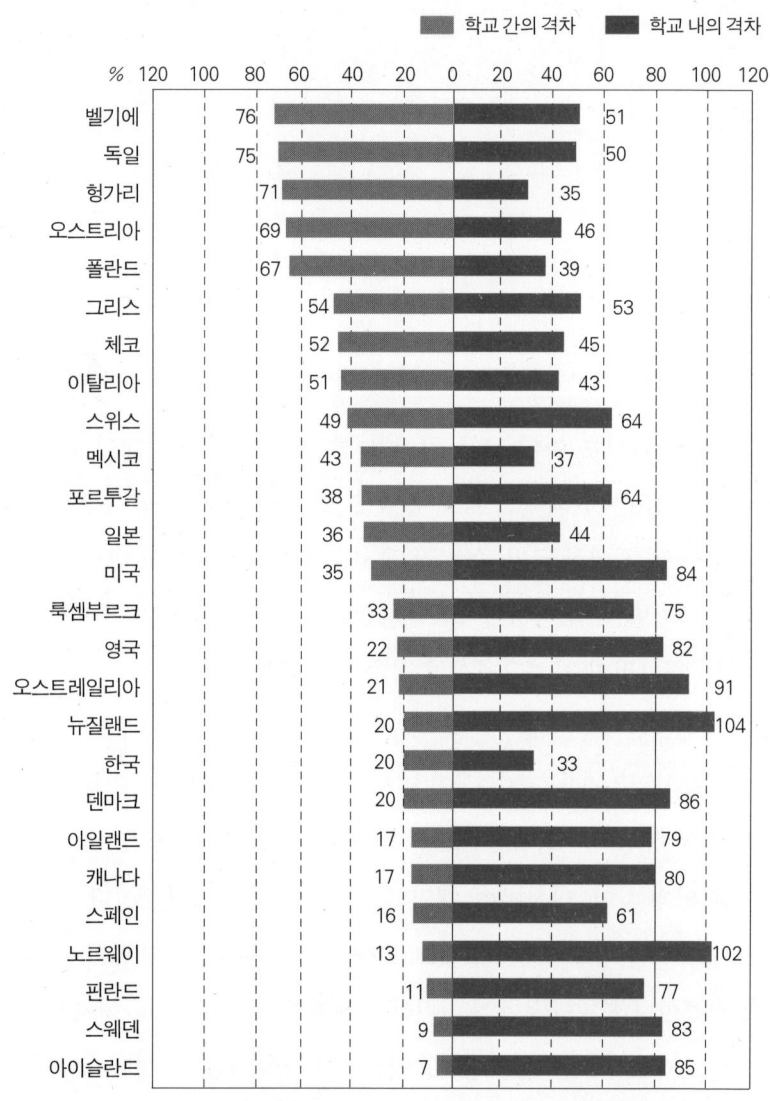

그림1-2 **국가별 학력 격차와 그 요인(PISA2000 독해력)**

그림 1-3 국가별 학력 격차와 그 요인(PISA2000 수학적 소양)

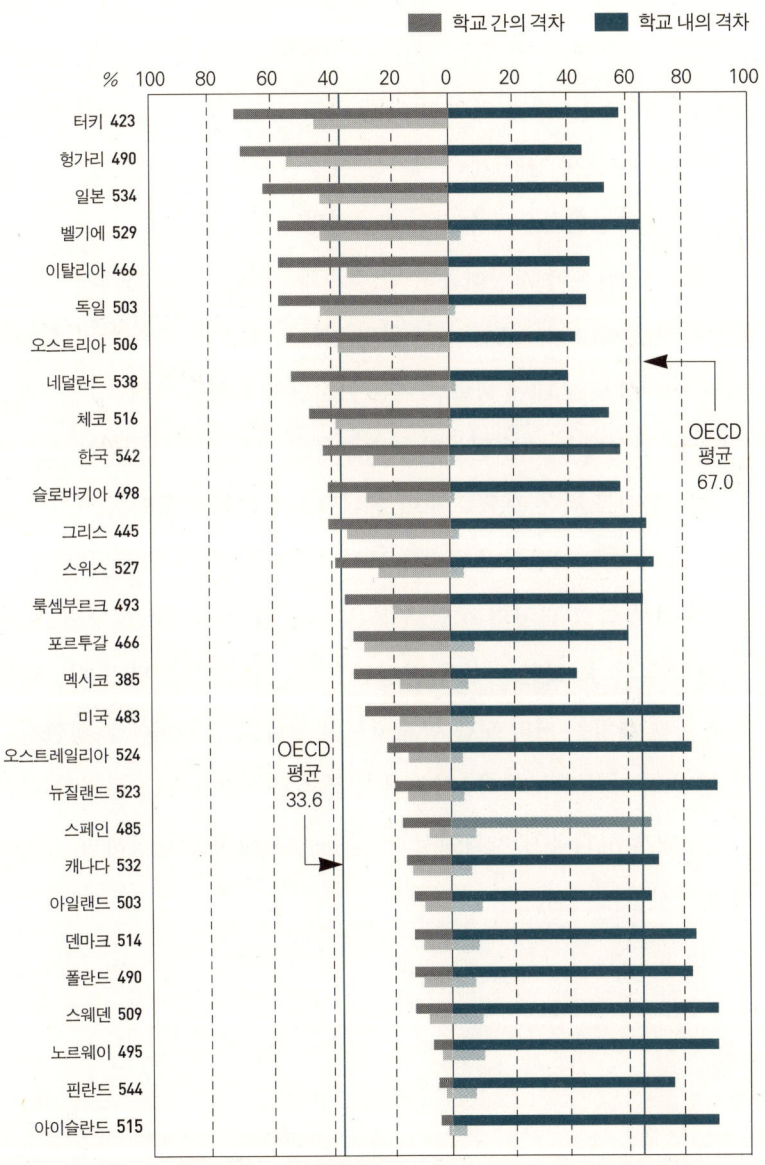

* 하단은 사회·경제·문화적 배경에 의해 설명되는 요인

커지게 된다. 동시에 일본의 경우 고등학교에 진학하지 않은 사람들(3퍼센트가량)은 제외된다. 몇 가지 요소를 고려해도 핀란드의 아이들은 16세까지 격차가 거의 없는 학교에서 배우는 것이 확실하다. 반면 일본의 아이들은 16세에 이미 커다란 학교 간의 격차를 경험하게 되고 그 격차는 최근 몇 년간 계속 커지는 경향을 보였다. 이때 학교 간의 격차는 대개 가정환경으로 설명이 가능하다.

그렇다면 일본이 자랑하는 수학 점수의 격차를 더욱 자세히 파헤쳐 보기로 하자(51페이지 표 1-1). 수치만 봐도 핀란드는 학교 간의 격차가 매우 적고 각 학교 내에 학력 차이는 있지만 전체적인 학력 격차는 가장 적다. 이 자료를 분석한 일본의 국립교육정책연구원도 "핀란드는 득점도 높고 분산도 적은 것으로 보아 상대적으로 모든 학생의 수학적인 소양literacy이 높은 이상적인 결과를 보이고 있다"며 높게 평가했다.

일본에서 학력 격차의 상당 부분은 학교 간의 격차로 설명되고, 학교 간의 격차 중 절반 이상은 가정환경으로 설명된다. 반면 핀란드의 경우 학력 격차는 거의 모든 학교에서 발생하고 그 격차에 가정환경은 큰 영향을 미치지 못한다. 따라서 일본의 경우에도 가정환경이 나쁜 아이들에게 사회복지 차원에서 더 좋은 교육환경을 보장하면 학력이 훨씬 신장될 것이다.

Commentary

핀란드 vs 대한민국

탈락자를 골라내기 위한 제도

결론부터 말하면 한국은 다양한 차이를 제도화하여 경쟁을 통한 탈락자 또는 패배자를 선별하는 데 유리한 방향으로 제도를 만들어가는 반면 핀란드는 최대한 차이를 줄여서 탈락자 선별이 아니라 진정한 교육을 위한 제도를 계속 발전시키는 중이다. 특목고나 자사고가 핫이슈가 되고 있는 상황에서 정말 눈여겨봐야 할 대목이다.

지역의 차이, 가정의 차이, 학교의 차이 등 학생 개개인이 어쩔 수 없는 차이로 인해 조금의 불이익도 받지 않게 하겠다는 강한 의지를 우리는 어떻게 받아들여야 할까?

경쟁이 주인이 되고 교육은 하인이 되어버린 우리 사회에서는 다양한 차이를 절묘하게 활용하여 탈락시키는 시스템이 활개를 치고 있다.

격차와 개인의 학습 의욕

격차가 학생 개개인에게 어떤 영향을 미칠까가 가장 중요한 문제이다. 어떤 학생이 공부를 못해서 전문계 고등학교에 갔다고 치자. 어느 날 그 학생이 정말 공부를 열심히 해보고 싶다는 생각이 들었는데 찬찬히 살펴보니 전문계 고등학교에서는 명문대 진학이 거의 불가능에 가깝다고 한다. 특목고 정도는 다녀야 명문대 진학이 보장된다는 것이다. 이 이야기를 들었을 때 학생은 과연 어떤 심정일까? 네가 공부를 열심히 하지 않아서 그런 것 아니냐고 따진다면 사실 별로 할 말은 없다. 어려운 처지에도 열심히 노력해서 우수한 성적을 거둔 학생이 분명 존재하기 때문이다.

하지만 개인적인 성공 요인과 사회적인 성공 가능성을 혼동하는 것은 곤란하다. 거기에 부모의 경제력과 거주 지역도 영향을 미친다는 사실을 알았을 때 그런 절망적인 상황에서 공부 의욕을 지켜낼 수 있는 학생이 과연 얼마나 될까?

문득 '핀란드 학생들에게는 정말 핑계거리가 없겠구나'라는 생각이 든다. 핀란드는 오직 자신이 열심히 공부하지 않은 것 말고는 핑계거리를 아예 허용하지 않는 사회이다.

학생들이 어떤 계기를 통해 공부에 의욕을 갖게 되지만 불공정한 게임이라는 생각으로 인해 포기한다면 그들의 좌절은 정말 엄청난 국가적 손실이지 않을까? 지나친 논리의 비약일까? 이미 지방 학교와 전문계 고등학교의 교실은 교육의 장이 아니라는 사실에 주목한다면 조금은 수긍할 수 있지 않을까?

제안 하나!

다른 영향력은 가급적 배제하고 심리적 영향력, 그러니까 다양한 차별이 결국 학생들의 공부 의욕에 어떤 영향을 미치는지 실증적인 조사가 필요하다. 평소의 생각을 전하면 이렇다.

'삼류학교'로 전락한 학교에 다니는 학생들의 의욕 상실이 안타깝다. 대부분 이미 자신은 패배자라는 인식이 워낙 강해서 패자부활에 대한 욕심조차 내지 못하는 처지에 빠진다. 물론 우리 사회에서 그런 문제가 발생했을 경우 모든 원인은 개인의 노력 부족으로 돌려버린다.

역경을 딛고 이겨낸 소수의 영웅들을 통해 누구나 노력하면 성공할 수 있다는 이야기를 앵무새처럼 반복할 따름이다.

명문 고등학교에 진학한 학생들 중에도 피해 사례가 적지 않다. 지나친 경쟁이나 경쟁 구도의 변화에 제대로 적응하지 못하고 도태당하는 학생들, 또는 다른 선택을 했다면 오히려 보다 쉽게 실력을 발휘했을 학생들의 사례도 외면할 수 없다. 잘나가던 학생이 경쟁에서 낙오하면 꽁꽁 숨어버린다. 그래서 사회적 주목은 받지 못하지만 당사자나 그 부모들은 피눈물을 흘리고 있다.

수월성 교육이나 하향평준화라는 사회적 이슈는 일단 논외로 한다. 하지만 뒤에서 학교 간 격차를 줄이고 학력의 차이는 학교 내에서만, 그것도 학급 내에서만 허용하는 방식이 수월성 교육에도 유리하다는 주장에 대해 다른 각도에서 접근해보자.

생각거리

질문 이류 또는 삼류학교의 학생들이 공부는 팽개치고 일탈행위만 하는 것이 한국과 핀란드에서 어떻게 받아들여질까?

해답 한국에서는 낙오자 또는 패배자들의 당연한 모습으로 간주할 것이 뻔하다. 그리고 개인적으로는 안타까울 수 있지만 사회적으로 별문제가 되지 않는다는 반응이 주류를 이룰 것이다. 반면 핀란드에서는 매우 심각한 문제로 받아들여질 것이 확실하다. 자신의 미래를 개척하기 위해 열심히 준비하고 노력해야 할 학생이 어떤 이유로든 좌절한다는 것은 매우 심각한 국가적 손실이라는 인식이 바탕에 깔려 있기 때문이다.

하위권을 올리면
상위권도 올라간다

앞의 자료를 통해 알 수 있듯이 핀란드는 국내의 학력 격차가 매우 적다. 다른 자료에서도 핀란드의 학력 격차가 적다는 사실이 분명하게 드러난다.

표 1-2 'PISA2003에 나타난 성적 격차(표준편차 평균치)와 평균 성적의 국제적 비교'를 보면 핀란드는 어떤 분야에서도 성적의 치우침이 적다. 국가 안에서의 학력 격차가 적다. 반면 일본은 성적이 치우치는 현상이 심하다. 즉 국가 안에서의 학력 격차가 크다. 핀란드에서는 학교 간의 격차를 없애고 언제 어디서든 차별 없이 공부할 수 있는 학교를 만들었다. 하지만 학급 안에서는 학력의 차이에 따라 개별 지도가 가능하게 했고 그 결과 국가 전체의 학력 차이를 크게 줄이는 동시에 전체적인 학력을 크게 높였다.

PISA의 최대 공적은 평등과 고학력은 모순되지 않음을 보여준 것이다. 즉 학교의 편차를 줄이고 경제적 배경을 평등하게 하면 국민의 평균 학력은 높아진다는 사실을 입증했다. 핀란드의 성공 사례는 선진국

표 1-1 **수학적 소양의 격차(2003)**

	국내 격차 상대 분산	학교 간 격차 (분산)	학교 내 격차 (분산)	사회·경제·문화적 배경에 의한 격차(분산)	
				학교 간	학교 내
핀란드	81.2	3.9	77.3	0.9	7.9
한국	99.3	42.0	58.2	27.8	1.1
OECD 평균	100.0	33.6	67.0	23.0	4.4
일본	116.3	62.1	55.0	42.0	0.1

*정규분포곡선으로 고치면 표준편차는 중앙부가 약 37퍼센트(5단계로 상대평가를 했을 때 세 번째 부분)의 상하 차이를 나타낸다.

의 정치가들이나 교육행정가들의 상식을 뒤엎었다.

OECD교육국의 슐라이허 지표분석과장은 PISA 결과를 다음과 같이 요약했다.

"OECD국가의 경우 학생들의 사회적 배경과 성적 사이에는 큰 상관관계가 있었습니다. 참 실망스러운 사실입니다. 우리는 사회적 배경에 관계없이 모든 학생에게 평등한 기회를 주기 위해 노력했습니다. 하지만 그 노력은 그다지 성공적이지 않았습니다. 어떤 가정에서 태어났는지가 성적에 큰 영향을 미칩니다."

슐라이허 과장은 영국을 예로 들었다. "전체적인 성적은 무척 높고 평균 성적도 좋습니다. 하지만 어느 가정에서 태어났는지가 학력에 큰 영향을 미칩니다." 그는 영국에 비해 "핀란드는 전체적인 성적이 무척 높습니다. 하지만 그보다 중요한 사실은 다른 많은 OECD국가에 비해 사회적 배경이 성적에 미치는 영향이 무척 적습니다. 핀란드의 교육제도는 모든 학생에게 평등한 기회를 주는 데 성공했습니다." 그 때문에 영국에서는 "사회적 특권층으로 태어나면 핀란드 학생과 비슷하게 성

표 1-2 PISA2003에 나타난 성적 격차(표준편차 평균치)와 평균 성적의 국제적 비교

수학적 소양			독해력			과학적 소양			문제 해결 능력		
국가명	편차	득점	국가명	편차	득점	국가명	편차	득점	국가명	편차	득점
벨기에	110	529	벨기에	110	507	프랑스	111	511	일본	105	547
터키	105	423	독일	109	491	독일	111	502	벨기에	104	525
독일	103	503	일본	106	498	일본	109	548	이탈리아	102	469
일본	101	534	뉴질랜드	105	522	스위스	108	513	OECD평균	100	500
OECD평균	100	500	그리스	105	472	이탈리아	108	486	뉴질랜드	99	533
스위스	98	527	오스트리아	103	491	벨기에	107	509	노르웨이	99	490
뉴질랜드	98	523	노르웨이	102	500	스웨덴	107	506	그리스	99	448
체코	96	516	미국	101	495	OECD평균	105	500	미국	98	477
이탈리아	96	466	이탈리아	101	476	뉴질랜드	104	521	터키	97	408
오스트레일리아	95	524	룩셈부르크	100	479	노르웨이	104	484	멕시코	96	384
스웨덴	95	509	OECD평균	100	494	룩셈부르크	103	483	독일	95	513
미국	95	483	아이슬란드	98	492	오스트레일리아	102	525	스위스	94	521
헝가리	94	490	오스트레일리아	97	525	폴란드	102	498	헝가리	94	501
그리스	94	445	프랑스	97	496	슬로바키아	102	495	스페인	94	482
네덜란드	93	538	스웨덴	96	514	미국	102	491	프랑스	93	519
오스트리아	93	506	폴란드	96	497	덴마크	102	475	체코	93	516
슬로바키아	93	498	체코	96	489	한국	101	538	슬로바키아	93	492
한국	92	542	스위스	95	499	체코	101	523	룩셈부르크	92	494
프랑스	92	511	스페인	95	481	그리스	101	481	포르투갈	92	470
노르웨이	92	495	터키	95	441	스페인	100	487	오스트레일리아	91	530
룩셈부르크	92	493	멕시코	95	400	네덜란드	99	524	오스트리아	90	506
덴마크	91	514	포르투갈	93	478	캐나다	99	519	폴란드	90	487
아이슬란드	90	515	슬로바키아	93	496	헝가리	97	503	네덜란드	89	520
폴란드	90	490	헝가리	92	482	오스트리아	97	491	캐나다	88	529
스페인	88	485	캐나다	89	528	아이슬란드	96	495	스웨덴	88	509
포르투갈	88	466	덴마크	88	492	터키	96	434	덴마크	87	517
캐나다	87	532	아일랜드	87	515	아일랜드	93	505	한국	86	550
아일랜드	85	503	네덜란드	85	513	포르투갈	93	468	아이슬란드	85	505
핀란드	84	544	한국	83	534	핀란드	91	548	핀란드	82	548
멕시코	84	385	핀란드	81	543	멕시코	87	405	아일랜드	80	498

* 국립교육정책연구원 편찬 《살기 위한 지식과 기능2》, 52, 155, 182, 214페이지 참조.

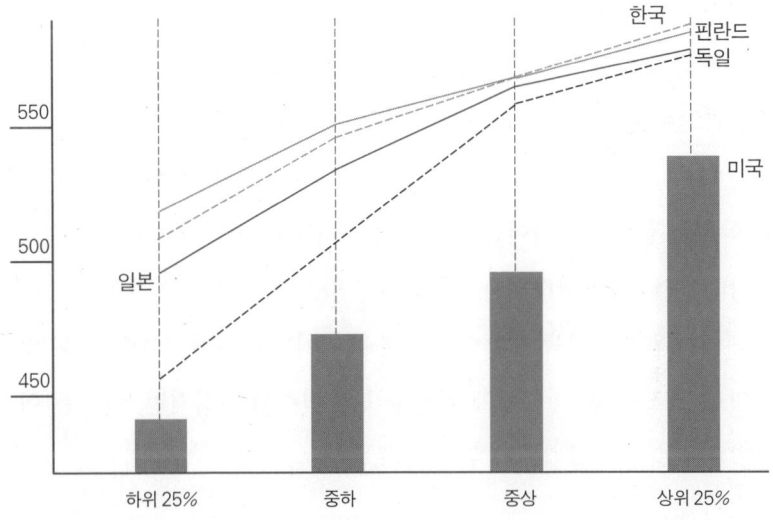

그림 1-4 **학생의 사회·경제·문화적 배경과 수학적 소양(PISA2003)**

적이 좋지요. 하지만 이민 가정이나 한 부모 가정, 빈곤 가정 등 불우한 환경에서 태어나면 성적은 훨씬 나빠집니다." 슐라이허 지표분석과장은 이렇게 설명한다. 그에 따르면 이는 프랑스, 독일, 미국에서도 마찬가지이다.

그의 지적은 PISA2003의 결과에서도 확인할 수 있다. 예를 들어 수학 성적과 '학생의 사회·경제·문화적 배경'의 관계를 살펴보자. 가정 환경에 따라 학생들을 25퍼센트씩 네 그룹으로 나누면 각 그룹의 평균 점수는 그림 1-4와 같다. 평균 점수를 보면 미국에서는 상위 25퍼센트에 속한 학생들만이 핀란드의 최하위 그룹과 같은 성적을 받았다. 이것은 그룹의 평균 점수이기에 중위 그룹 중에도 핀란드의 수준에 도달한 아이가 있고, 핀란드의 극소수 아이들은 미국 학생들과 비슷한 저득점을 얻기도 했다. 하지만 슐라이허 지표분석과장의 말대로 집단으로 보면 미국에서는 "특권층으로 태어나면 핀란드 학생과 비슷하게 성적이 좋았다." 미국에 비해 일본은 사회적 격차와 학력의 상관관계가 아직은 크지 않았다.

핀란드식 교육제도의 특징을 정리하면 밑바닥을 끌어올리되 위쪽은 제한 없이 개방하는 것이다. 핀란드 사람들은 이렇게 말한다. "핀란드의 학교는 잘못하는 아이들을 끌어가긴 하지만 잘하는 아이들은 그냥 둡니다. 왜냐하면 잘하니까요." 이것이 바로 핵심이다. 자율적으로 배우도록 키우면 아이들은 교사나 어른을 뛰어넘어 뻗어나간다. 물론 말 그대로 스스로 배울 수 있게 바탕을 만들어주어야 하지만. 어쨌든 이 방법은 잘하는 사람에게 매우 효과가 좋다.

Commentary

핀란드 vs 대한민국

한국과 정말 다른 핀란드

정말 다르다는 판단을 내리게 된 핵심적인 이유는 바로 여기에 있다. 핀란드의 핵심적인 교육과제는 공부 못하는 학생에게 초점이 맞춰져 있다. 하지만 한국은 공부 잘하는 학생에게만 사회적 관심이 집중되어 있다. 핀란드의 교육제도가 불리함을 만회할 수 있게 최선을 다해 돕는 시스템이라면 한국의 교육제도는 불리한 학생들을 가급적 일찍 탈락시키는 시스템이다. 핀란드는 오랜 실험을 통해 공부 못하는 학생을 교육정책의 기본으로 삼게 되었다.

이는 또한 수준별 수업을 폐지하게 된 배경이기도 하다. 즉 상위권 학생들을 위한 교육은 실제로 그들에게 별 도움이 되지 않고 하위권 학생들만 희생시키는 반면 하위권 학생들을 위한 교육은 하위권은 물론 상위권에게도 전혀 불리한 점이 없다는 새로운 판단에 기인한 것이다.

우수한 학생들을 따로 모아놓고 가르쳐야만 제대로 수월성 교육을 할 수 있는 것이 아니라는 사실, 오히려 득보다 실이 많다는 판단에 주목해야 한다. 만약 그런 방식이 핀란드 방식보다 효과적이라고 해도 그 차이가 크지 않다면 핀란드 방식이 훨씬 의미 있지 않을까?

다른 학생들의 희생을 요구하는 수월성 교육이 아니라 동반 성장하는 수월성 교육이라는 측면에서 핀란드 방식에 대한 진지한 고찰이 필요하다.

공부는 스스로 하는 것이라면……

핵심에는 역시 공부는 스스로 하는 것이라는 판단이 대전제로 작용한다. 학생들 스스로가 자발적으로 공부하는 데 가장 필요한 것은 무엇일까?

우선 어떤 학생도 버리지 않고 모든 학생의 성장을 위해 최선을 다하겠다는 학교와 교사의 태도는 과연 어떤 분위기를 교실 현장에서 연출하게 될까? 쉽게 판단하기 어렵지만 최소한 경쟁을 통해 낙오자를 만드는 게 일상이 되어버린 분위기보다는 학생들의 동기부여와 의욕증진에 도움이 되는 것만은 분명하지 않을까?

하위권을 위한 노력이 그 자체로 상위권 학생들에게 도움이 되지는 않을 것 같다. 물론 협동 학습의 효과는 별개로 다루어야 한다. 상위권 학생들에게 결코 적지 않은 긍정적 효과를 준다고 판단할 수 있는 근거는 충분하다.

내가 가장 주목하는 대목은 바로 학교와 교실의 분위기, 그리고 그것이 학생들의 공부 태도와 의욕에 미치는 영향이다. 상대방을 경쟁자로 인식하게 하는 분위기와 함께 노력해서 같이 성장하자는 분위기는 분명 다르지 않을까? 그리고 그런 분위기의 차이가 학생들에게 어떤 영향력을 발휘할까?

경쟁 스트레스로 인한 학습 효과의 무력화는 이미 과학적으로 많이 검증되고 있다. 지나친 스트레스는 두뇌의 학습 및 면역 활동을 교란시켜 생각보다 심각한 역작용을 일으킨다는 연구 결과에 주목해야 한다.

협동 학습을 통한 자연스러운 학습 효과의 강화와 사회성 양성이라는 두 마리 토끼를 잡는 데 핀란드는 성공하고 있다. 인성 교육의 강화는 불가피하게 학력을 희생시킨다는 우려의 목소리가 있는데 핀란드 교실에서는 학력과 인성의 조화로운 발전이 이루어지고 있다.

경쟁이 불가피하다면……

특히 중요한 것은 '기초학교 단계에서 어떤 교육이 절실한가?'라는 점이다. 경쟁이 불가피하다면 결국 경쟁해야겠지만 처음부터 경쟁을 지나치게 의식하면 과연 제대로 된 교육이 가능할까? 최소한 배움의 초기 단계에서 학생들의 정서와 태도에 절대적인 영향력을 발휘하는 교실은 경쟁이 아니라 유쾌한 협동과 배움의 장이 되어야 마땅하다.

선善은 경쟁에서 살아남아야 한다는 동물적인 압박감에 의한 동기 부여가 아니라 배우는 즐거움과 개인적 성취감을 위한 공부라는 인식이 강하게 자리 잡게 하는 것이 아닐까? 먼저 학습에서의 자기주도성을 기르려면 핀란드처럼 최소한 중학교 과정까지는 경쟁 스트레스로부터 학생들의 학습 잠재력을 보호해야 한다.

경쟁은 평가의 문제와 직결된다. 상대평가와 지필고사가 핵심인 상황, 결과만으로 모든 것을 판단하는 상황에서는 최상위권 학생들의 실력 향상은 불가능하다. 평가 결과가 좋기 때문에 특별히 동기부여가 되지 않으면(의대 지원 등) 학습 욕구를 더 갖지 못하는 게 현실이다. 하지만 민사고나 영재과학고 학생들 중에도 발군의 실력을 보이는 학생들을 분석해보면 제한 없이 스스로 성취할 수 있도록 길을 열어주는 것이 매우 중요하다는 사실을 확인할 수 있다.

교육을 일방적으로 교사가 가르치는 것이라고 생각한다면 얘기는 분명 달라진다. 수준별 수업이 불가피할 수밖에 없다. 학생 간의 학력 편차가 크면 제대로 된 수업이 어렵기 때문이다. 수업의 난이도 조절이 사실상 불가능하기 때문이다. 하지만 공부는 각자가 자발적으로 이끌어가는 과정이라는 생각이 분명하다면 학생 사이의 수준 차이는 전혀 문제될 것이 없다. 스스로 배워나가는 과정에서 오히려 협동 학습을 통해 서로에게 긍정적으로 작용할 수 있기 때문이다. 이 점에서 하위권의 수준을 끌어올리는 방식이 지닌 유용성에 주목해야 한다.

제안 둘!

사실 대한민국 사회에서 경쟁을 외면하는 것은 불가능에 가깝다. 결국 경쟁이 교육에 유해하다는 주장을 하게 되면 융단폭격을 당할 가능성이 매우 높다. 교육적 접근이 아니라 사회적인 논쟁에 휩쓸릴 가능성이 매우 높다.

핀란드의 성공 사례가 말해주는 것은 무엇인가? 경쟁 자체를 포기해야 한다는 주장에서 더 나아가 경쟁 배제가 지닌 교육적 의미와 학생 개개인에게 미치는 긍정적 영향력을 반드시 입증해야 한다.

교실 안에서 선생님들까지 가세하여 학급 평균 성적을 거론하면서 경쟁 분위기를 조장하는 일들이 다반사로 벌어지는 우리 현실에 대한 반성적 차원의 검토와 대안 마련을 기대해본다.

> **생각거리**
>
> 질문 어떤 학생이 수업 내용을 거의 이해하지 못하고 괜히 수업 분위기만 흐리는 상황이라면?
>
> 해답 한국에서는 당연히 반 평균을 깎아 먹고도 모자라 공부 잘하는 아이들까지 방해하는 공공의 적으로 인식될 것이 뻔하다. 반면 핀란드에서는 스스로 공부할 수 있는 준비가 부족한 학생이기에 다양한 배려가 필요하다고 인식할 것이다. 그리고 온갖 노력을 기울여 빠른 시일 내에 정상적인 학력을 회복할 수 있게 도울 것이다. 그리고 같은 반 친구들 사이에서도 그 친구를 도우려는 우등생이 분명히 나설 것이다.

학업성취도가 다른 학생 집단과
수업의 개별화

　핀란드에서는 1985년부터 학업성취도별로 반을 편성하지 않게 되었다. 대신 학교나 학급은 학력이 천차만별인 아이들이 섞여 있는 '통합' 방식으로 구성되었다. 하지만 학력이 제각각인 아이들을 어떻게 가르친다는 것일까?
　핀란드에서는 통합 학급에서 모든 학생에게 같은 내용의 수업을 동시에 진행하지 않는다. 더욱이 학생들의 학력 차이에 대응하기 위해 성취도별로 반을 편성하지도 않는다. 핀란드에서는 '통합'하되 '개별'적으로 지도하는 방법으로 문제를 해결한다. 평등한 기회의 보장과 개별적인 지도의 필요성이라는 미묘한 모순 관계를 교육 전문가들이 지혜(전문성)를 발휘하여 해결했다.
　OECD교육국의 슐라이허 지표분석과장은 PISA 결과를 분석하고 중요한 사실을 지적했다.
　"핀란드에서는 개인별 지도가 충분히 가능한 학습 환경을 만들어내는 것으로 문제에 대응했습니다. ……국가 차원의 교육제도가 추구하는 거창한 목표와 목적이 있지만 그것을 어떻게 구현할지를 결정하는 것은 각 학교와 교사 개개인입니다."

그는 이어서 다음과 같이 설명했다. "핀란드를 보면 권한과 책임이 모두 학교에 부여되어 있어 학교가 모든 것을 결정합니다. 그 때문에 성적을 전체적으로 향상시키는 것이 가능합니다. …… 톱다운top-down 방식이 아니라 일선 학교의 의욕을 고취시켜 학력을 향상시킬 수 있는 환경을 만드는 것입니다. PISA 결과 학교가 자체적인 판단으로 고안해 낸 아이디어를 실험해보는 방식이 좋은 성과를 낳는다는 사실을 알 수 있었습니다. 그 좋은 예가 바로 핀란드입니다. 학교 측에 의욕을 불러 일으키는 환경을 만드는 것, 이것이 중요합니다."

PISA는 다음과 같은 내용을 입증했다. "중앙집권적인 관리제도가 아니라 각 학교와 교사에게 권한을 넘기는 결단이 복잡하고 어려운 교육 문제를 해결하는 데 동기부여가 된다. 게다가 교사만이 아니라 학생들의 동기도 형성된다." 획일적인 교육의 문제점을 해결하기 위해 반드시 필요하다는 성취도별 학급 편성을 폐지하고 통합 교육을 택한 핀란드가 오히려 '극히 개별화된 배움'을 실현시켰다. 게다가 학생 개개인의 학습 동기 형성에도 성공하는, 역설적인 현상까지 벌어진 것이다.

"PISA의 중요한 성과 중 하나는 학생 개개인의 의욕과 동기가 극히 중요하다는 사실을 입증했다는 점입니다."

이렇게 한 사람 한 사람에게 맞춘 교육이 가능하도록 핀란드에서는 교사를 전문가로 육성하고 교사가 수업에만 전념할 수 있게 하는 한편 학부모나 행정기관도 교사를 지원하게 했다.

더 나아가 슐라이허 지표분석과장은 이렇게 말한다. "학생의 실력이 향상되리라는 기대감이 있고 노력할 준비가 되어 있으며 학습의 기쁨을 알고 교사와 학생의 관계가 양호하며 교사의 의식(의지, 열의)이 높은 학교에서는 학생들의 성적이 좋았습니다."

Commentary

핀란드 vs 대한민국

맞춤형 수업

한국과 핀란드 교육의 차이를 절실히 느끼게 하는 대목이다. 수준별 수업에 대한 찬반 논란에서 여전히 빠져나오지 못한 한국과는 달리 핀란드는 이미 개인별 맞춤형 수업을 교실 현장에서 구현하여 큰 성공을 거두고 있다. 공교육에 완승을 거두고 있는 대한민국 사교육의 진화는 바로 개인별 맞춤형 수업의 구현이라고도 할 수 있다. 여기서 문득 드는 생각이 한 가지 있다. 만약 핀란드의 베테랑 교사들이 한국에 와서 학원 사업에 뛰어든다면 완전히 석권하지 않을까?

핀란드의 교사들

공교육을 강화시키려면 교원평가제를 도입해 무능하고 열의가 없는 교사를 퇴출시켜야 한다는 주장이 있다. 현재 한국에서 제기되는 것과 유사한 교원평가제가 이미 폐지된 핀란드에서 우리는 또 다른 중요한 교훈을 찾을 수 있다.

공교육이 신뢰를 회복하려면 우선 학원 강사들에게 크게 밀리고 있는 학교 교사들의 인기를 회복해야 하지 않을까? 핀란드 교육의 중심에는 학생은 물론 학부모, 지역사회, 그리고 국가로부터 절대적인 신뢰와 지지를 받고 있는 교사들이 있다. 교실 현장에서 학생들의 지지를 회복하기 위해 핀란드를 벤치마킹할 경우 가장 시급한 것이 바로 권한과 책임의 이양이다.

교사들이 교육에서 자기주도성을 발휘할 수 있도록 최대한 배려하고 노력한 제도도 곳곳에서 엿보인다. 이는 7차 개정교육과정의 정신과도 정확하게 일치한다. 하지만 우리 사회는 말과 행동이 다른 구석이 너무도 많다. 핀란드 교사들의 모습을 한국에 대입해보면서 그 큰 차이를 한 번 느껴보자.

학생의 성적 향상에 대한 기대감에 충만한 핀란드 교사들 이미 우등생과 열등생이 선별된 상황에서 과연 내가 할 수 있는 것이 무엇이 있을까? 늘 성적이 매겨지고 우열 판정이 일상적으로 이뤄지는 상황에서 과연 얼마나 성적에 초연한 채 학생들의 성장 가능성에 기대를 걸 수 있겠는가?

학생들의 성적 향상을 위한 노력과 준비에 여념 없는 핀란드 교사들 각종 잡무에 시달리고 반복되는 정기 평가와 그에 따른 수업 진도의 압박에 시달리면서 과연 어떤 노력을 더 할 수 있을까?

학습의 기쁨을 알고 공부하는 핀란드 교사들 기껏 개인적인 관심사에 대해 공부하면서 공부의 즐거움을 느낄 수 있을까? 승진 준비를 하면서, 아니면 비자발적이고 의무적인 연수에서 과연 학습의 기쁨을 느낄 수 있을까?

학생과의 관계가 너무도 좋은 핀란드 교사들 모든 학생에게 관심과 사랑을 주기에는 너무 많은 인원, 교사를 무시하는 학생들의 태도, '어차피 학원에서 공부할 텐데'라는 자포자기의 심정…… 상급 학교 입시에 절대적으로 중요한 성적을 공정하게 매겨야 하기에 자칫 제자에 대한 관심과 사랑이 오히려 시빗거리가 될 수도 있는 상황에서 제자들과 얼마나 좋은 관계를 유지할 수 있을까?

도덕성(기개와 교육자적 열의)이 높은 핀란드 교사들 자녀 이기주의에 빠진 학부모들이 촌지로 유혹하거나 사소한 이권 개입을 바라는 업자들이 금전으로 유혹하는 상황에서, 철밥통에 안주하는, 무사안일한 공무원 집단이라는 사회적 인식이 팽배한 상황에서 얼마나 높은 도덕성을 갖출 수 있겠는가?

핀란드 교사들에게는 이미 우리의 대학 교수에 걸맞은 사회적 지위가 주어져 있다. 오해가 있으면 안 되는 대목은 바로 교사들의 급여 수준이다. 한마디로 결코 높지 않다. 존경과 신뢰 면에서 대학 교수에 버금간다는 말이지, 경제적인 보상이 그렇다는 소리는 아니다. 따라서 핀란드 교사들의 현재 모습은 제도적인 뒷받침을 토대로 교사 개개인의 노력이 결합된 결과물이다.

제안 셋!
교사의 편의가 아니라 학생의 의욕 증진과 동기부여를 위해 최선을 다하는 선생님의 존재는 절대적으로 중요하다. 교사들의 역량과 기여가 어느 정도나 진화할 수 있는지를 핀란드 교사들이 여실히 보여준다.

핀란드 교사들과 한국 교사들의 현실을 비교하면 천양지차라는 말도 부족하다. 하지만 현실적인 여건의 차이가 모든 것을 설명해준다고 해서 교실 현장에서 교사의 역할에 대한 기대마저 포기할 수는 없다.

현장 교사들에게 권한을 이양하고 절대적인 자율권을 부여하는 등 제도적인 개선이 전혀 이뤄지지 않는 상황이라도 교실 안에서는 교사가 자율성을 얼마든지 발휘할 수 있다. 제도적인 개선이 뒷받침되지 않더라도 교사가 자율성을 발휘하고 이런 시도가 성공하는 것이 공교육의 신뢰 회복에 절대적으로 중요하다는 사실을 입증할 수 있다면 얼마나 좋을까?

생각거리

질문 창의적인 수업 모형을 개발한 교사들에 대한 인식에는 어떤 차이가 있을까?

해답 한국에서는 색안경을 끼고 보는 사람들도 있다. 혹시 자신의 이념으로 아이들을 오염시키려는 것은 아닌지 의심의 눈초리가 따가울 수 있다. 또한 괜히 긁어 부스럼 만든다는 식으로, 왜 피곤하게 살려고 하는지 모르겠다는 눈총도 감수해야 한다. 반면 핀란드에서는 새로운 수업 모형을 개발하는 것이 교사들의 일상적인 시도에 불과하다. 만약 이런 시도가 좋은 성과를 거둘 경우 교육박람회에 출품되어 자신의 뜻을 마음껏 펼칠 기회가 주어진다.

살아 있는 지식을 추구한다

　PISA 결과 일본 학생들은 "자신의 의견을 정립하여 논리적이고 설득력 있게 서술하는 데 약하다"는 점과 "자유롭게 서술하는 문제가 주어지면 답을 쓰지 못하는 학생이 많다"는 사실이 밝혀졌다.
　그런데 일본 학생들이 어려움을 겪는 것은 의외로 그 전 단계였다. 표 1-3을 보라. 표에 나오는 '정보 도출'은 취사선택을 통해 필요한 정보를 수집하는 것이다. '해석'은 읽기와 이해로, 자신의 생각과 다른 것도 대상으로 한다. '성찰'이란 지식을 정리·평가해 결론을 내리는 단계를 의미한다. '성찰'에는 숙고(차분히 생각한다)라는 측면과 생각하는 자신을 객관화시켜 바라보면서 조절하는 메타인식이라는 측면도 포함된다. PISA에서 평가하는 소양은 정보 도출, 해석, 성찰로 이뤄지는 세 과정을 측정한다. 하지만 핀란드에서는 자신이 내린 결론을 다른 사람에게 전달하는 '표현'을 중시하기 때문에 '표현' 과정까지를 포함하여 '독해력'으로 간주한다.

표1-3 **PISA2000의 분야별 성적(평균점)**

	독해력				수학적 소양	과학적 소양
	정보 도출	해석	성찰	종합		
핀란드	556	555	533	546	536	538
한국	530	525	526	525	547	552
일본	526	518	530	522	557	550
미국	499	505	507	504	493	499

　PISA의 평균을 500점으로 하면 핀란드는 '정보 도출'과 '해석' 영역에서 점수가 특히 높다. 미지의 정보를 찾아내거나 자신과 다른 의견을 해석하는 데 능하다는 뜻이다. 반면 일본은 정보를 찾거나 해석하는 데는 서툴지만 '성찰' 영역의 점수는 높았다. 이런 결과를 어떻게 받아들일 수 있을까? 아마도 상대방을 별로 의식하지 않고 상대방의 의견에 관계없이 자신의 의견을 일방적으로 쏟아내는 것이 아닌가 하고 추측해볼 수 있다. 그 경우 본래 의미의 '성찰'과는 거리가 있어도 현재의 PISA에서는 고득점을 받게 된다.

　핀란드 사람들이 특히 잘하는 '미지의 정보를 찾아내거나 자신과 다른 의견을 해석하는' 과정은 복잡한 현대사회를 살아가면서 새로운 가능성을 찾아내는 데 매우 중요한 역할을 한다. 죽은 지식이 아니라 늘 새롭게 변화하는, 살아 있는 지식을 추구하는 태도가 얼마나 중요한지 확인할 수 있다.

Commentary

핀란드 vs 대한민국

PISA에 대한 이해

한국 학생들이 정보 도출과 해석에서는 일본보다 점수가 앞서지만 성찰에서는 오히려 점수가 낮은 이유가 궁금해진다. 학습량이 월등히 앞서기에 시험 점수를 따는 데 필요한 능력이 앞서는 것은 당연하다. 하지만 시험 문제를 출제할 때 제대로 반영되기 어려운 성찰 측면은 지적 능력 측면에서는 매우 중요하지만 사실상 공부를 하면서 기를 수 있는 기회를 갖지 못하는 것이 아닐까 한다.

PISA에서 추구하는 인재상과 바람직한 교육에 대한 이해는 매우 중요하다. 국가 경쟁력 강화를 교육의 지상 과제로 생각하는 사람들에게 절대적으로 필요하다. 경쟁력 강화를 위해 그들이 도입하려는 각종 제도와 교육 내용이 오히려 미래 지향적인 인재를 양성하는 데 방해가 된다는 역설을 그들이 어떻게 생각할지 궁금해진다('새로운 학력관과 새로운 시험'에서 보완한다).

대학수학능력평가와 PISA의 공통점과 차이점

공부를 통해 얼마나 많은 지식을 얻었는지를 평가하는 것이 과거의 대입학력고사였다면 대학 진학 이후의 학습 능력을 평가하는 것이 수능의 평가 방식이다. 일단 고정적인 지식이 아니라 언제나 적용 가능한 능력을 평가한다는 측면에서 이 둘의 유사점을 찾을 수 있다.

하지만 현실에서는 학력고사와 수능의 차이를 진지하게 받아들이는 분위기를 찾기가 어렵다. 입시 위주의 교육에 무조건 반기를 들 것이 아니라 주어진 제도를 활용하여 제대로 인재를 양성할 수 있는 여지를 찾기 위해 노력하는 것이 중요하다. 특히 우리 입시의 '절대반지'인 수능을 잘 활용하면 상당히 의미 있는 교육의 변화가 가능할 것이다.

정말 수능 고득점에 필요한 교육을 학교 현장에서 진행하기 위해서는 어떻게 해야 하는가? 학생들의 자발성이 반드시 요구된다. 일방적인 주입식 교육으로는 제대로 준비시킬 수 없다. 교재를 선택해서 문제 풀이 위주로 교육하는 것도 크게 빗나간 방식이다.

생각거리

질문 대학을 졸업한 사회 초년생의 실무 역량이 크게 떨어진다는 사실을 어떻게 받아들여야 할까?

해답 한국의 대학은 물론이고 고등학교는 더더욱 신경 쓸 필요를 느끼지 못할 것이다. 우리의 교육계는 학생들을 사회적인 바보를 만들면서도 그 심각성과 책임감을 느끼기 어려운 상황에 처해 있다. 반면 핀란드에서는 교육계의 진지한 반성과 적극적인 노력이 활발하게 전개될 것이다. 배움의 과정은 개인적으로 진행되지만 그들에게 제공되는 배움의 다양한 측면, 즉 수업 방식과 평가 방식은 물론이고 사회와 교사의 가치관과 태도 등이 매우 중요한 변수로 작용하기 때문이다.

핀란드는 어떻게 성공했나?

 핀란드는 어떻게 PISA2003에서 고득점을 땄을까? 핀란드 국가교육위원회는 다음과 같이 설명했다.

1. 가정, 성, 경제력, 모국어와 관계없이 교육 기회가 평등하다.
2. 어떤 지역에서도 교육에 대한 접근이 가능하다.
3. 성별에 따른 분리를 부정한다.
4. 모든 교육을 무상으로 실시한다.
5. 종합제*로 선별하지 않는 기초교육.
6. 전체는 중앙에서 조정하지만 실행은 지역에서 맡을 수 있도록 교육행정이 유연하게 지원한다.
7. 모든 교육 단계에서 서로에게 영향을 주고 협동하는 점. 동료의식.
8. 학생의 학습과 복지에 대해 개인별로 맞춤 지원을 한다.

*교과목이나 학생 등을 수준별로 선별해서 가르치는 대신 통합하여 가르치는 방식.

9. 시험과 서열을 없애고 발달의 관점으로 학생을 평가한다.
10. 자신의 생각에 따라 행동하는, 전문성이 높은 교사.
11. 사회구성주의적인 학습 개념 socio-constructivist learning conception.

마지막 항목인 '사회구성주의적 학습 개념'이라는 표현에는 정말 놀라게 된다. 이런 말이 통용된다는 것 자체가 교육계나 학부모 사이에 상당 수준의 이념 일치가 이루어졌다는 뜻이기 때문이다. 2005년 10월 제2회 PISA 세미나에 참석한 필자는 이르멜리 할리넨 Irmeli Halinen 국가교육위원회 보통교육국장에게 '사회구성주의적 학습 개념'이 교육계의 '공통적인 인식'인지를 물어보았다. 그러자 그녀는 자랑스럽게 대답했다. "그렇습니다. 어떤 교육자든 그 말을 이해하고 있습니다." 2005년 12월 제3회 PISA 세미나가 열렸을 때 그녀는 '학습의 개념'으로서 '사회구성주의, 학생의 적극적인 역할', '상황에 따라 달라지는 학습, 학교 문화와 학습 환경의 중요성', '종합적 교육학', '학업 달성과 학생 복지의 균형'이라는 네 가지 점을 지적했다.

구성주의는 1960년대 행동주의를 비판하며 인지심리학 등의 분야에서 등장했다. 구성주의자들은 지식이 이미 만들어져서 고착된 것이 아니라 개개인이 스스로 편성해가는 것이라고 생각한다. 다시 말해 지식에는 지식을 구성하는 주체의 목적, 가치관 등 모든 것이 전제되어 있다는 것이다.

더욱이 지식을 알고 싶다는 욕구가 있어야만 지식은 목적에 부응하여 누군가의 지식으로 구성되는 것이다. 각 주체는 알고 싶다는 욕구에 따라 각기 다른 지식을 얻는다. 즉 사실은 하나지만 지식은 다양하

표 1-4 **학력 대조표**

	낡은 학력관	새로운 학력관
교육관	계통적인 지식·기능(유일성) 계획적인 주입·습득(성과 비교) 교사가 교육을 주도	목적적인 지식·기능(다양성) 각 주체가 획득·구조화(성과 비교 불가) 교사는 학습을 지원
국제학업성취도평가	TIMSS(국제 수학·과학 교육 동향 조사)의 학력관	PISA의 학력관
교육과정	교과 기반 커리큘럼	컴퍼턴시[*] 기반 커리큘럼

다. 그러므로 지식의 진위를 묻는 것은 가능하되 그 누구의 지식도 완전하지는 않다. 지식을 획득하기 위해 교과서를 외우면 그것으로 끝이 아닌 것이다.

그렇기 때문에 핀란드에서 교과서란 지식을 집대성한 단 하나의 교재가 아니라 하나의 질 좋은 자료로 취급받는다. 따라서 교과서는 공권력에 의한 검정 없이 자유롭게 채택된다. 또 교과서를 사용하여 배우는 일은 있어도 하나부터 열까지 교과서를 외우게 하는 일은 없다. 교사도 교과서를 획일적으로 주입시키려고 하지 않는다.

그래서 어떤 방면의 지식이 없다고 해서 결함 있는 인간이 되는 것은 아니다. 누구나 지식은 불충분하다. 그러니까 계속 배우는 것이다. 누군가에게 '무능력하다'는 딱지를 붙이는 것은 교육이 할 일이 아니다. 이런 생각이 가능한 것은 교육학이 그렇게 자리 잡고 있기 때문이며 교육청과 국가교육위원회가 '사회구성주의'를 취하고 있기

---

[*] 보다 적극적인 의미의 문제 해결 능력을 의미한다. 주어진 상황에 대한 대처 능력에서 한 발 더 나아가 어떤 환경 변화에도 문제를 해결할 수 있는 능력을 의미한다. 우리말로는 '역량'으로 옮길 수 있다.

때문이다. 국가는 지식을 관리하려는 생각을 하지 않는다.

이런 사회구성주의는 1990년 이전의 구성주의에 대한 비판으로 등장했다. '구성'은 고립된 한 개인의 활동이 아니라 사회적인 맥락, 다시 말해 사회적인 인간관계 속에서 생겨나는 것이다. 그렇기에 학습의 질은 협동이라는 활동에 크게 좌우된다. 사회구성주의에서 얻어진 지식은 '협동의 지식'이라고 부를 수 있다. 즉 서로 배우고 가르치는 속에서 더욱 충실한 지식을 만들어나가는 것이다. 반이나 그룹 속에서 서로 배우면서 불충분한 지식을 더욱 충실한 것으로 만들어나간다.

이런 활동에 의해 지식은 더욱 개방된다는 개방형 지식관이 핀란드 교육계에 도입된 것이다.

Commentary

핀란드 vs 대한민국

10가지 성공 요인의 부재

핀란드에서 자체 분석한 성공 요인을 한국에 단순 대입해보았다. 먼저 핀란드의 성공 요인을 다시 정리해본다.

첫째, 배움의 기회에서 차별받지 않는다 (1, 2, 3, 4, 5).
둘째, 가르치고 배우는 곳에 가급적 많은 권한을 부여한다 (6, 9, 10, 11).
셋째, 협동 학습을 강조한다 (7).
넷째, 철저하게 학생 개개인의 발달을 돕는다 (8).
다섯째, 서열화가 아니라 피드백을 위해 평가한다 (9).

여섯째, 교사의 전문성 강화를 위해 노력한다 (10).

우리의 현실은 과연 어떤가? 기회균등이 하향평준화의 주범으로 거론되고 있다. 여전히 교육 관료들의 권한은 막강하다. 가르치는 교사들이 중심이 아니라 관리하는 관료들이 중심이다. 협동 학습은 교과 성적과는 무관한 경우에만 예외적으로 허용되는 수업 모형이다. 학생 개인보다는 학교와 학급의 평균 성적과 명문대 진학 실적이 최우선이다. 모든 교육은 서열화를 위해 존재한다는 말이 지나치지 않다. 교사들은 진급에 필요한 경우가 아니면 연수교육에 소극적이다. 3번에 해당되는 성적性的 차별의 문제를 제외하고는 모든 것에서 큰 차이를 확인할 수 있다. 단순하게 생각하면 한국은 도저히 성공할 수 없는 최악의 상태에 빠져 있다는 판단으로 연결된다.

우리의 7차 개정교육과정은 사회구성주의를 기반으로 한다고 한다. 7차 개정교육과정에 관한 여러 자료들을 살펴보면 일단 문헌상으로는 그 유사성을 쉽게 확인할 수 있다. 하지만 현실은 전혀 그렇지 못한 것이 안타까울 따름이다.

사회구성주의와 학생

사회구성주의에 따르면 자유롭게 형성되는 다양한 사회적 관계를 통해 스스로 배워나가는 존재로서 학생이 교육의 가장 중요한 주체가 된다. 하지만 약자인 학생이 사회구성주의에 합당하게 배움의 과정을 스스로 이끌어가게 하려면 과연 무엇이 필요할까?

개성을 가지고 있는 배움의 주체를 일제수업과 획일적인 평가라는 수단을 통해 가르치는 것이 과연 합당한가? 교사가 주도하는 교실 분위기 속에서 스스로 자신의 지식을 구성해나갈 수 있는가? 모범 답안을 찾아야만 하는 시험 문제를 풀기 위해서는 지식을 자신의 개성에 따라 구성하는 것이 아니라 획일적인 카피가 필요하지 않은가? 개인적인 차원에서 배움의 의미와 가치를 검토할 수 있는 기회를 보장받지 못한다면 과연 스스로 자신의 지식과 능력을 구성해나갈 수 있을까?

결론적으로 사회구성주의의 구현을 위해서는 교사의 역할에 일대 변혁이 요구되는 것은 아닐까? 학생이 스스로 잘 배울 수 있도록 가르치는 사람이 촉진자로서의 역할을 해야 하는 것이 아닐까? 최소한 사회구성주의에 대해 다른 생각을 갖고 있더라도 핀란드 교실에서 우리가 뭔가를 배운다면 공부에 소극적인 학생, 성적이 부진한 학생을 문제 학생으로 쉽게 딱지 붙이는 일만은 피해야 한다.

제안 넷!

사회구성주의에 대한 올바른 이해와 현실에서의 적용 가능성을 높이기 위한 최소한의 자구책을 고민해본다. 사회구성주의를 소박하게 해석해서 공부에 적극적인 학생으로 성장할 수 있게 돕는 것이라고 생각하면 어떨까? 교실에서 당장 구현할 수 있는 것으로 무엇이 있을까? 최소한 교사 중심의 일방적인 주입식 수업에 대한 대안을 생각해보아야 한다. 또한 제한된 여건에서나마 학생들의 참여를 최대한 보장하기 위한 노력도 절실하다.

생각거리

질문 수업 시간에 개별 행동을 하는 학생에 대한 반응에는 어떤 차이가 있을까?

해답 한국의 경우 그런 학생은 교실의 질서를 깨고 수업 분위기를 망치는 존재로 인식될 가능성이 높다. 특히 교사의 지시를 위반하는 문제 학생으로 둔갑하기 일쑤이다. 반면 핀란드에서는 그런 모습이 너무도 당연한 것으로 여겨진다. 오히려 그런 개인적인 행동을 필요(다른 사람에게 피해를 주는 등) 이상으로 통제할 경우, 특히 교사에게 반항하는 것으로 받아들여 학생에게 체벌을 가할 경우 사회적인 공적으로 몰릴 가능성이 높다.

새로운 학력관과 새로운 시험

핀란드가 좋은 성적을 올린 PISA는 '지금까지 무엇을 배웠는가'가 아니라 '앞으로 무엇을 할 수 있는가'를 측정한다.

EU의 통합과 함께 유럽에서는 교육 면에서도 매우 커다란 변화가 일어나고 있다.

OECD의 교육부서는 1995년쯤 되면 기존의 시험으로는 중요한 내용을 측정할 수 없다고 생각하고 그런 시험공부가 중요한 것을 희생시킨다고 판단했다. 그리고 1997년 '교육연구혁신센터CERI'는 새로운 국제학업성취도평가를 실시할 것을 결정했다. 이 새로운 시험이 만들어진 것은 1999년의 일이다. 그 후 이 시험은 2000년, 2003년, 2006년에 실시되었고, 당초 예정을 넘어 2015년까지 반복해서 실시될 예정이다.

그 사이에 EU는 1999년의 볼로냐선언에 의해 고등교육기관의 학점을 통합했다. 또 2002년 OECD는 스위스 연방통계국을 중심으로 PISA와 연동하는 '컴피턴시의 정의·선택 Definition and Selection of Competencies

DeSeCo 계획'을 발족시키고 의무교육 단계의 학력을 '컴피턴시'라는 개념으로 통합하는 작업에 들어갔다. 이와 동시에 EU의 교육총국도 국가별로 보고서를 모아 능력의 정의를 내리고 있다.

이렇게 해서 학력은 '컴피턴시'라는 실천적인 능력으로 평가되고, 학교의 커리큘럼도 교재를 가르치는 예전의 방식에서 교과 학습을 통해 컴피턴시를 육성하는 방식으로 바뀐 것이다. 이런 변화를 노련하게 실행에 옮긴 것이 핀란드였다.

DeSeCo 계획은 세 개의 키Key 컴피턴시(기본적인 실천 능력)를 도출했다. 첫째는 '상호 교류적으로 도구를 사용하는use tools interactively' 능력이다. 여기서 도구란 언어, 정보, 수학, 과학, 기술 등을 의미하는데 PISA는 현대사회와 산업에 깊이 연루된 언어, 정보, 수학, 과학의 네 영역을 도출한 후 각각을 학력이라는 형태로 측정하기로 한 것이다.

둘째는 '서로 다른 집단 안에서 상호 교류하는interact in heterogeneous groups' 능력이다. 사회는 서로 다른 인간의 집단이기에 사고방식이 다른 사람들이 서로 의견을 조정하고 서로 협력하면서 공존해야 한다. 따라서 수준별 학급이 아닌 종합 학급으로 편성해서 이질적인 사람들의 상호 교류 능력을 발달시키는 것을 학교교육의 목표로 삼는다.

셋째는 '자율적으로 행동하는act autonomously' 능력이다. 스스로 판단하고 스스로 책임지는 단계까지 이 안에 포함된다. 당연히 스스로 배우는 것도 포함된다. 또 비판력을 기르는 것도 자율적으로 행동하는 데 필요한 조건이다.

Commentary

핀란드 vs 대한민국

시험과 공부

잘못된 시험과 시험공부가 정말 중요한 것을 희생시킨다는 지적에 대해 우리는 정말 깊이 고민해야 한다. 오직 순수한 교육적인 측면에서 검토해야 한다. 그런 지적이 정말 타당성이 있고 우리의 시험과 시험공부에 결정적인 결함이 있어 회복할 수 없는 손실을 입게 된다면 과연 어떤 일들이 벌어질까?

대한민국의 교육을 시험과 시험공부가 지배한 지 이미 오래라는 사실을 누가 부정할 수 있을까? 사교육의 존립 근거, 공교육의 붕괴, 족집게 과외 등 각종 사회문제의 양산, 교사들에 대한 사회적 기대감의 소멸 등이 모두 연관된 현상이 아니고 무엇이란 말인가.

소양과 대학수학능력은 유사한 측면이 적지 않은 것 같다. PISA에서 강조하는 인재의 조건, 필요한 소양의 핵심에는 상호 교류와 자율적인 행동이 자리 잡고 있다. 말만이 아닌, 그런 소양의 개발을 위한 노력이 존경스럽다.

하지만 우리 사회의 분위기를 보면 정말 협동을 원하는지 의구심이 든다. 소수의 천재가 이끌어가고 다수는 잘 따라가기만 하면 된다는 발상이 무섭기만 하다. 결국 경쟁력의 원천은 천재성에 기반을 둔다는 생각은 원인과 결과에 대한 극단적인 혼란의 산물이다.

지금 우리의 교실에서는 어떤 일들이 벌어지고 있는가? 안타깝게도 상호 교류와 자율이 적극적으로 방해받고 있다. 협동할 수 있는 기회를 주지는 못할망정 방해하지는 말아야 할 것이 아닌가.

같은 교실에서 함께 공부하는 동료들까지도 경쟁상대로 의식하게 하는 일만은 정말 피해야 한다. 심지어는 성적이 처지는 동료를 학급 평균을 갉아먹는 존재라고 비하하는 생각도 엿보인다. 자율을 키워주지는 못할망정 획일성을 강요하지는 말자. 개성의 발현을 명령 불복종이나 일탈행위로 보는 시각은 이제 사라져야 한다.

시험의 문제, 평가 방식의 문제에 대한 사회적 재검토가 절실하다. 평가의 목적에 대한 재검토부터 시작되어야 한다. 우리 사회가 강조하는 공정성과 객관성이 정말 평가에서 핵심이 되어도 좋은가? 공정성 확보를 위해 마련된 평가 제도가 오히려 제대로 된 교육을 가로막는다면 주객전도, 본말전도가 아니고 무엇이겠는가? 평가만을 위한 교육이 횡행하는 상황에서 정말 심각하게 받아들여야 할 문제이다.

제안 다섯!

어떤 학생이 수능에서 좋은 성적을 거둘까? 사교육을 많이 받은 학생? 그렇지 않다. 스스로 많은 책을 읽고, 다양한 외국어 활용 기회를 만들고, 수학적인 논리를 익히기 위해 많이 사고하는 학생이 절대적으로 유리한 시험이 수능이고 현실에서도 그런 학생이 월등히 좋은 결과를 내는 게 사실이다. 따라서 제대로 된 수능 교육을 위해 노력한다면 의외로 좋은 기회를 만들 수 있을 것이다.

단순히 교과과정에서 다루는 지식의 전달자가 아니라 언어와 외국어 활용 능력과 수학적 사고력을 길러주는 촉진자로서의 역할을 찾아나간다면 암울한 우리의 교육 현실에서도 정말 많은 것을 할 수 있다. 학생들을 단순한 구경꾼으로 전락시키는 스타 강사의 동영상 강의는 엉터리 수능 교육이다. 제대로 된 수능 학습은 오히려 교실 현장에서 훨씬 잘 구현될 수 있다.

> **생각거리**
>
> 질문 어떤 학생이 국어와 문학 교과를 거의 공부하지 않았음에도 수능의 언어영역에서 우수한 성적을 보인다면?
>
> 해답 한국에서는 특이한 현상으로 받아들일 가능성이 높다. 교사의 역할이 보이지 않는 성적에 대해 거부감을 가질지도 모른다. 반면 핀란드에서는 너무도 당연하다는 반응이 나올 것이다. 스스로 많은 책을 읽으면서 자연스럽게 키운 소양이 성적에 제대로 반영된 결과라고 볼 것이기 때문이다.

전문성이 살아 있는 교육제도와
전문성을 기르는 교사 양성

　핀란드는 권한을 지방에 넘겨주고 성과주의를 배제했다. 중앙의 뼈대를 가이드라인으로 삼고 교원 등 전문 스태프의 철저한 지원을 받으며 중앙행정은 조건 정비와 정보 제공으로만 그 권한을 한정했다. 그 결과 현장의 자유와 책임이 증가했고 학생 개개인에게 맞춘 질 높은 교육이 실현되고 있다.

　국가 커리큘럼(학습지도 요령에 해당)은 국가교육위원회가 결정하는 것으로, 대략적인 가이드라인에 해당한다. 구체적으로 어느 학년에서 어떤 교재로 몇 시간 동안 공부할 것인가는 지방자치단체와 학교가 정한다. 어떻게 가르칠 것인지는 학교 안에서 교사가 정한다. 예를 들면 국가 커리큘럼에는 중학교의 가정 수업이 세 시간으로 정해져 있지만 어떤 학교에서는 가정 과목 대신 요리 과목을 세 시간 설치하고 그 안에서 학습지도 요령을 실천하는 방식이다. 또 어떤 교재를 어떻게 구성하여 어디에 중점을 두고 가르칠지가 계획대로 이뤄지지 않은 경우 어디를 뛰어넘을 것인지와 같은 시간 운영은 교사 각자가 정할 수 있다. 교과서를 정부가 검정하지 않고 교과서는 질 높은 교재 중 하나일 뿐이다. 그저 여러 자료와 함께 그 지역이나 학생에게 맞도록 지식을 쌓아주면 된다. 국가 커리큘럼을 목표로 하여 내용은 각자가 만들어가도 된다.

그리고 학생 개개인에게 맞는 수업이 가능하도록 교사 개개인의 전문성을 높이고 그 전문성을 발휘할 수 있도록 학급 정원을 줄이고 필요하면 보조교사를 배치하는 등 가장 효과적으로 조건을 정비했다. 학급 정원은 지방자치단체에서 정하지만 대개 초등학교는 25명, 중학교는 18명이 상한선이다. 교과에 따라 이를 더 적게 나누기도 한다. 통계에 의하면 교사 한 명당 초등학교는 16명, 중학교는 11명의 학생을 맡게 된다.

또한 교원은 전문가로서 존중받고 자율적인 연수 시간을 충분히 보장받는다. 즉 교사는 수업이 끝나면 바로 집으로 돌아가고, 두 달 반의 여름방학 기간 동안 학교에 나가지 않는다. 대신 교사는 각자 장기적으로 또는 일상적으로 공부를 하고, 여름방학에는 자기계발 세미나에 나가는 등 수업 준비를 확실하게 한다. 그리고 교사는 학생 개개인에게 맞춤식의 도움을 준다. 이렇게 해서 사회와 마찬가지로 학교와 학급은 이질집단으로 구성되지만 수업은 획일적이지 않고 개별화되어 종합적이지만 개별적이고 고도화된 교육이 실현된다.

핀란드에서도 2년에 한 번 정도 자치단체 주관으로 학생과 학부모가 교사를, 교사가 교장을 평가한다. 하지만 학생에게는 자기평가란을 강화하여 자신들을 평가하는 측면을 강조한다. 또 학부모는 무기명으로 의견을 낸다. 교장과 교사는 학부모나 학생의 의견을 참고로 토론하고 함께 개선점을 찾는다. 마찬가지로 행정기관과 교장 역시 그 자료를 참고로 개선책을 함께 의논한다. 이 평가의 의미는 거기까지이다.

평가는 모두 힘을 합쳐 교육을 개선하기 위한 것이지 서열을 매겨 학부모가 학교를 고르게 하려는 의도로 실시하는 것이 아니다. 어디까지나 현장에 힘을 실어준다.

게다가 교육계는 평가를 시민의 사회 참가, 사회의 자기 관리의 한 과정으로 보고 시민성을 키우는, 의미 있는 행위로 받아들인다. 한마디로 학교를 평가하는 것은 더 좋은 학교를 목표로 학생, 교사, 학교, 학부모, 지역사회가 함께 노력하는 첫걸음이라는 것이다.

또한 교원에 대한 인사고과는 전혀 없다. 아이들은 모두 다르므로 교사들의 일도 달라질 수밖에 없기 때문이다. 일의 질이 다른 이상 비교를 할 수는 없는 것이다. 그러니 급료도 경험 연수만으로 결정된다.

이런 전문성을 가진 교사가 되려면 대학(학부) 3년, 대학원(석사) 2년을 마쳐야 한다. 게다가 2, 3년간 자신의 장래를 고민한 후 대학에 진학하는 것이 보통이다.

2005년 10월 PISA 세미나에 참가한 헬싱키 대학교 교육학부 교사양성학과장 마티 메리Matti Meri에 의하면 교사가 되기 위해서는 대학 시절에 필기시험, 적성검사, 개인면접을 통과해야 한다. 필기시험은 지식의 양을 묻는 것이 아니라 주어진 책에 대해 자신의 생각을 기술하는 것이다. 그 내용을 보고 교육과 관련하여 그때까지 배운 지식이나 앞으로의 학습 가능성을 읽어낸다. 적성검사는 집단면접을 통해 교사로서의 적성을 판단하는 것이다. 그리고 개인면접에서는 아이를 얼마나 좋아하는지부터 각자의 연구계획까지 확인한다.

입학 후 미래의 교사들은 '탐구자' 및 '지원자'로서 키워진다. '학습하는 것을 배우는 것과 다른 사람을 돕는 것이 요구되는 과제'라고 할 수 있다.

교사양성에 대한 연구서는 다음과 같이 지적한다.

"예전에는 전달된 내용으로 구성된, 정적인 것을 지식이라고 했지만 지금은 그렇지 않다. 이제 지식이란 다른 학습자와 함께 쌓아가는 것, 재생 가능한 것으로 인식된다. 교사는 학습 과정에 대한 메타지식을 필요로 한다. 다시 말해 학습 내용을 다른 이론적인 관점으로 바라보면 어떻게 될지, 학습자가 자신의 지식을 통제하여 적극적인 학습자가 되는 데 어느 정도 도움을 줄 수 있는지 알아야 하는 것이다. 교사에게는 협동 학습 과정에 대한 메타지식도 필요하다. 여기에는 어떻게 다른 사람과의 협동에 의해 지식이 구성되는지를 알고 학습 과정의 사회적인 요소를 이해하는 것도 포함된다."

아이들이 스스로 공부하게 하려면 교사도 스스로 공부하는 자세를 키워야 한다. 핀란드 사람들은 교사의 역할이 고정된 지식을 전달하고 주입하는 것이라고 생각하지 않는다. 대신 교사들은 지식이 항상 변화한다는 입장으로 계속 배워간다. 게다가 지식이라는 것은 협동으로 만들어가는 것이다. 이런 식의 사회구성주의적인 지식 형성 과정을 파악하는 것이 '메타지식'이다. 곧 지식 구성론은 교사에게 '메타지식'을 습득할 것을 요구한다.

그리고 5년 동안 총 6개월간 실시되는 50회의 풍부한 교육 실습 속에서 학생을 가르치는 힘이 구체적으로 확인되고 직업인으로서의 적성을 확인할 수 있다.

교육청은 조건을 철저히 정비하고 국가교육위원회는 교육 내용을 조정하고 그 질을 유지하며 지방자치단체와 학교는 교육과정을 결정하고 교사 각자가 교육방법을 선택한다. 이런 식으로 권한을 분산시켜 각자의 책임 범위를 정해놓았다. 이렇게 해서 아이들은 스스로 배우고 교사는 이를 도우며 행정은 지원하고 학부모는 협력하는 교육 시스템이 완성되었다. 각자의 권한이 존중되는 것이다.

Commentary

핀란드 vs 대한민국

진정한 평가

부정적인 측면을 제거하고 긍정성만이 살아 있도록 진화된 평가 제도를 핀란드에서 만난다. 단순 비교는 정말 불가능하다는 그들의 지적에 공감한다. 아무리 좋은 제도가 시행되더라도 온갖 부작용이 만들어지는 사회와, 제도의 성공적인 정착과 진화를 위해 힘을 모으는 사회를 어떻게 비교할 수 있단 말인가?

앞에서도 지적했듯이 잘못된 평가가 교육적으로 포기할 수 없는 가치와 의미를 훼손한다면 과연 어떤 일이 벌어지겠는가? 비교와 경쟁이 아니라 문제점을 찾아 보완하기 위한 평가가 되어야 마땅하다. 하지만 우리의 현실과는 너무도 거리가 먼 이야기처럼 들린다.

교원평가를 통해, 경쟁체제 도입을 통해 학교를 변화시키겠다는 발상으로 핀란드를 바라보면 갈등만 부추길 가능성이 농후하다. 하지만 인사고과를 전혀 하지 않는 이유(획일적인 기준으로 교사들의 노력을 평가하는 것은 불가능하다는 생각)에 대해서만은 고민해보아야 하지 않을까? 학생도 다르고 교사도 다른데 어떻게 평가할 수 있겠느냐는 입장의 진정성을 일단 믿어봤으면 좋겠다.

일의 질이 다른 이상 비교는 불가하다는 입장에서 바라보면 우리도 분명 다른 방법을 찾게 될 것이다. 서열화와 생존경쟁을 위한 평가가 아니라 발전적인 의미의 평가 제도가 필요하다고 조심스럽게 주장하고 싶다. 교실에서 어떤 교육이 진행되어야 하는지, 개선책을 마련하기 위해 교실 현장의 또 다른 주체인 학생들의 의견을 묻는 과정은 반드시 필요하다. 발전적인 의미의 자율적인 평가를 통해 주체적으로 교실 살리기 운동을 전개해나가야 한다.

교사의 문제

학생들이 스스로 공부하게 하려면 교사 역시 스스로 공부하는 자세를 가져야 한다. 정해진 교과과정을 효과적으로 전달하는 것이 교사의 역할이라면 교사들의 학습은 크게 필요치 않다. 교과과정이 개편되기 전까지는.

하지만 고정된 지식이 아니라 어떤 과정에서 다양하게 변화되면서 개개인의 성향에 따라 다양하게 구성되는 지식이라면 교사들의 학습이 불가피하다. 변화되는 지식을 변화무쌍한 과정을 통해 스스로 구성해가는 학생들을 지도하기 위해서는 교사 스스로 학습자로서의 역할을 충실히 수행하면서 학생들의 배움을 지원하는 역할을 해야 한다. 일방적인 전달자 역할에서 벗어나 교실 현장의 총책임자로서 책임을 다하기 위해서는 당연히 공부하는 선생님이 되어야 한다.

정말 진지하게 생각해보자. 나는 잘 가르쳤는데 학생들이 잘 따라오지 못해서 생기는 문제라고 단정하는 것이 정당한가? 그렇게 학습부진의 책임을 학생들에게 돌리면 너무도 간단하게 문제가 해결된다. 교사의 문제가 절묘하게 학생의 문제로 둔갑하는 것이다.

물론 제도적 차원에서 교사의 자율성이 우선적으로 보장되어야 한다는 점은 분명히 해둔다. 교사의 자율성 보장이 핵심적인 과제라는 인식과 모든 학생을 경쟁시키겠다는 발상 사이에는 너무도 격차가 벌어져 있기 때문에 핀란드 방식의 평가가 신기루처럼 보일지 모르지만 개선을 위한 평가라는 핵심마저 버려서는 안 된다.

제안 여섯!

하지만 핀란드 교사들에게 정말 배우고 싶은 것은 교육자로서의 보람과 행복이 아닐까? 최소한 아무도 마음대로 들어와서 간섭할 수 없는 교실 현장, 학생들과 만나는 접점에서 할 수 있는 일이 무엇인가? 만약 핀란드 교사가 한국에 와서 수업을 한다면 어떤 모습일까? 그 모습을 통해 우리가 배워야 할 점을 살펴보자.

학생들을 얼마나 좋아하는가? 철밥통, 평생 고용이 보장된 안정된 직장이라는 인식에서 벗어나야 한다. 학생들을 진정으로 사랑하는 마음을 키워나가야 한다. 안정된 직장이 아니라 학생들을 사랑하는 사람들이 모인 집단이 바로 교사 사회가 되어야 한다. 진정한 교사로 거듭나기 위한 자기 개혁 운동을 제안한다. 그것은 바로 교사로서의 삶에 새로운 활력과 행복을 가져오기 위한 적극적인 자구책이기도 하다.

탐구자로서의 교사 자신이 잘 알고 있는, 이미 오래전에 대학에서 전공한 교과 지식의 단순한 전달자가 아니라 새로운 세상을 함께 탐구하는 입장에서 학생과 함께 노력하는 모습을 상상해보는 것만으로도 즐겁지 아니한가?

지원자로서의 교사 일방적으로 가르치는 교사가 아니라 학생 스스로가 필요한 지식과 능력을 길러나가는 과정에서 적절한 도움을 주는 지원자로서 새로운 교사의 모델을 찾아가는 노력도 매우 중요하다.

모범이 되는 교사 가르치는 교사가 아니라 같이 배우는 입장에서 모범이 될 만큼 열심히 노력하는 모습을 보면서 학생들은 현대판 스승의 전범을 만나게 되지 않을까? 그리고 그 과정에서 교사는 새로운 인생을 살게 되지 않을까?

생각거리

질문 학생들에게 담당 교사에 대한 평가를 불시에 실시한다면 어떤 일이 벌어질까?

해답 한국에서는 다양한 거부반응이 예상된다. 그리고 그 결과를 악용하려는 모습도 드러날 것이다. 반면 핀란드에서는 교사들이 그 결과를 몹시 궁금해할 것이다. 자신이 고민하는 문제들에 대한 해법을 찾을 수 있다는 기대감도 품지 않을까?

이 학교의 교과과정은

국가 커리큘럼대로 진행되고 있고

수업 내용도 핀란드에서는 매우 평범한 편이다.

하지만 교육방법은 프레네 방식*을 도입하여

더욱 활동주의적이다.

야외 학습을 도입한

연간 테마 학습과 수작업 등이 그 특징이다.

스트론베리 초등학교의

교실 속으로 들어가보자.

*셀레스탱 프레네Celestin Freinet가 제안한 교육방법이다. 프레네는 프랑스 교육자로 교사의 권위주의적 교육방법에 반대하여 새로운 방법으로 가르치는 학교를 설립했다. 그는 노동자가 실제로 사용할 수 있는 지식이나 기술을 가르치는 학교를 목표로, 인쇄기를 확보한 뒤 학생들의 작품을 게재한 학교 신문이나 통신물 등을 도입하여 자발적인 그룹 활동을 육성했다. 교과서를 사용하지 않고 자신들이 모은 정보를 교재로 썼다. 또 아이들이 만든 문집으로 마을 사람들에게 활자 문화를 퍼뜨렸고, 문집 판매 수익을 교육에 썼다. '자주권'이라는 이름으로 아이들의 자주적인 활동을 강조했다. 프랑스 니스에 인접한 시골에 프레네 학교가 있다.

제2장

학력차가 있는 아이를 가르치는 유연한 방법

― 스트룀뫼리 초등학교의 경우

활동주의적인 교육방법

스트론베리 초등학교에는 장애 학생을 위한 양호 교실이 설치되어 있다. 또 본관과 이어진 건물에는 유치원이 있어서 원생들이 그대로 스트론베리 초등학교에 진학한다. 학교 건물은 원래 공장의 직업훈련 시설이었다. 그래서 교실의 크기가 조금 작고 학교 측은 작은 교실에서도 할 수 있는 수업을 궁리해냈다. 돈을 들여 규격대로 일률적인 교사校舍를 만든 것이 아니라 지혜와 노력을 들여 배우는 공간을 만들어낸 것이다.

학생 수는 보통학급이 190명, 양호교실이 50명이다. 91페이지의 그림처럼 여덟 명의 교사로 학급을 구성했다. 복식학급 제도를 취하고 있는 점이 특징이다. 양호교실은 양호교사 한 명과 양호교실 보조교사 네 명이 담당하고 있다. 그렇게 다섯 명이 매일 두 시간씩 교대로 담당하는 아이들을 교체한다.

필자는 리스토라이넨 후스Päivi Ristolainen-Husu 교장과 대화를 나눴다.

담임하는 학년의 조합

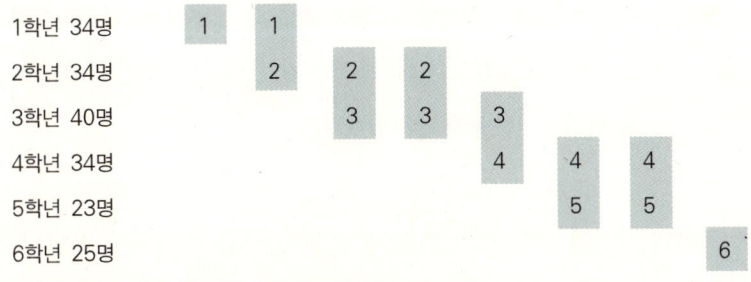

1학년 34명
2학년 34명
3학년 40명
4학년 34명
5학년 23명
6학년 25명

양호 교실(5학년 1명, 7학년 1명, 8학년 2명, 9학년 1명)

교장 우리 학교는 핀란드의 다른 학교들과 같은 내용으로 수업합니다. 방법이 프레네 방식이라는 점만 다르지요.

필자 외국 학교와 연계합니까?

교장 먼저, 프레네 학교조합에 가입되어 있습니다. 그리고 유럽자유교육포럼에도 가입했고, 프레네 외에도 슈타이너, 몬테소리, 레조 에밀리아 등을 채택했습니다.

필자 프레네 학교는 핀란드에 몇 개 정도 있죠?

교장 공립학교는 여기뿐입니다. 그리고 라우마에 학부모들이 세운 사립학교가 있습니다.

필자 다른 학교와 다른 점은요?

교장 이곳의 특징은 활동주의적이라는 겁니다. 그런데 지금은 핀란드의 다른 학교들도 그런 수업 방식을 택하고 있습니다. 따라서 우리가 가장 핀란드답고 선진적인 방식을 택했다고 말할 수 있습니다. 활동수업을 우선하지만 교과서를 사용하는 일제수업도 합니다. 즉 두 가지 방식을 잘 조합하고 있지요.

필자 교사들이 제대로 준비합니까?

교장 초등교사자격증(학급 담임) 외에 중등교사자격증(교과)을 가지고 있는 교사들을 모았기 때문에 담임의 역할에만 머물지 않고 각자의 분야에서 전문성을 발휘합니다.

과학에 뛰어난 교사, 영어에 뛰어난 교사, 공예나 그림에 뛰어난 교사, 음악에 뛰어난 교사 등 교사들 각자의 장점을 살려 학교를 운영한다. 교사도 서로 협력하는 것이다. 결코 교사끼리 경쟁시켜야 한다는 생각은 없다.

그렇다면 왜 두 학년을 복식학급으로 만든 것일까? 두 학년을 가르치면 각 학생의 진도에 융통성을 발휘할 수 있기 때문이다. 아무리 같은 학생이라도 학습 테마나 시기에 따라 학습 속도가 달라지기 때문에 복식학급은 천천히 배우는 아이들이 따라가기에 좋은 시스템일지 모른다.

PISA를 주관한 OECD의 분석에 따르면 수학이나 과학의 경우 동일 학년 사이에도 최대 4학년 정도 차이가 있었다고 한다. 개인의 진도에 맞춘 교육을 학년제와 어떻게 조화시킬지가 문제이다.

하지만 학습 속도에는 개인차만 있는 것이 아니다. 같은 학생이라도 조건에 따라 학습 속도가 똑같지 않아서 정체할 때도 있고 비약할 때도 있다. 또한 과목이나 분야에 따라 적성이 다르고, 지식과 기능은 여러 방향으로 뻗어나간다.

핀란드의 수업은 뒤처지는 아이들을 포기하지 않고, 한 학급 안에서 두 학년에 걸친 교육을 실시함으로써 아이의 능력에 맞는 수업이 가능하도록 커리큘럼과 교재가 짜여 있다. 아이들은 자각 상태에서 배우고, 그룹을 짜서 서로 가르쳐주기도 한다. 한편 교사는 개별 지도에 전력을 다하는 동시에 격차가 큰 학생에게는 따로 보조교사를 붙여 보충수업을 하든지 선별수업을 받게 한다.

이렇게 해서 학력 차이가 큰 아이들을 가르치는 유연한 방법이 생겨난 것이다.

Commentary

핀란드 vs 대한민국

몇 가지 우리의 학교 현장과 다른 점을 정리해보자. 스트론베리 초등학교에서는 스스로 공부할 수 있는 기회를 제공하고 양질의 교육적인 경험을 통해 스스로 성장할 수 있도록 각별한 노력을 아끼지 않는 모습을 확인할 수 있다.

어떻게 교육하는가? 교사 중심의 일제수업과 학생 중심의 활동수업이 적절히 조화를 이루고 있다.

교육 방식의 자율성 다양한 교육적 실험을 하고 있다. 한마디로 학교 수업과 관련해서는 학교와 교사의 재량권이 아무 제약 없이 보장되고 있는 것이다.

교사끼리 경쟁시켜야 한다는 생각은 없다 교사들은 경쟁보다는 협력을 통해 각자의 장점을 살릴 수 있도록, 그리고 개인이 아닌 집단으로서 교사들의 다재다능한 능력이 모든 학생들에게 혜택을 줄 수 있도록 한다. 만약 교사들이 담당 학급의 성적을 가지고 서로 경쟁한다면 교사들의 협력은 불가능할 것이다.

복식학급 운영 진도를 융통성 있게 관리하기 위해 아낌없는 노력을 기울이고 있다. 다양한 학생들을 위해 학교가 취할 수 있는 최선의 배려이다. 특히 학습 속도가 느린 학생들을 위한 배려 차원에서 다양한 시도를 하며 성과를 내고 있다. 우리나라에서는 생소하기만 한 모습이다.

양호교실과 보조교사 전혀 형식적이지 않은 느낌을 준다. 교사들이 학생 지도에만 전념할 수 있도록 다양한 장치가 마련되어 내실 있게 운영되고 있다.

우리나라에도 다양한 활동수업이 도입되고 있다. 하지만 지필고사 중심의 평가에 가로막혀 제 기능을 다하지 못하고 있다. 지필고사에 반영되지 않는 활동수업은 학생들에게 단순한 놀이 정도로 인식될 가능성이 매우 높으며 성적을 매기는 일도 결코 쉽지 않아 보인다. 이제부터 본격적으로 핀란드 교실에서는 과연 어떤 일들이 벌어지고 있는지 살펴보자.

'여유'를 낳는 복식학급
—후스카 선생님의 수업 풍경

학급을 짜는 방식은 학교가 정한다

후스카Sirkku Huuska 선생님은 2학년 13명과 3학년 11명으로 구성된 복식학급의 담임이다. 그녀는 이 학생들을 작년부터 맡았고, 앞으로도 계속 맡을 예정이다. 왜 두 학년을 함께 두는 것일까? 그 이유는 여유를 위해서라고 한다. 바로 그게 복식학급의 좋은 점이라는 것이다.

산수, 영어, 미술 같은 수업은 학급을 반으로 나눠서 진행한다. 그러나 2학년도 3학년과 함께 산수나 과학을 배우다가 심화 부분에서는 학년을 나누어 수업을 진행하는 등 수업의 짜임새는 복잡하다.

9월 8일 8시 15분부터 9시까지는 2학년만의 과학 수업, 9시부터 9시 45분까지는 1~3학년이 함께 하는 합동 테마 수업 '물', 그다음 30분 정도의 긴 휴식시간이 있고, 10시 15분부터 10시 45분까지(이날은 5분 연장됨) 2, 3학년의 합동 과학 수업, 그 후 30분간은 저학년의 점심시간이다. 급식을 다 먹은 후 2학년은 하교한다(집에 돌아가는 것이 아니라 보육센터로 간다).

11시 15분부터 12시까지 3학년만 과학 수업을 계속 받는다. 12시 30분까지 점심시간이다. 쉬는 시간에는 교사들이 교대로 아이들이 노는 모습을 지켜본다. 후스카 선생님은 이날 쉬는 날이다. 이후 12시 15분부터 오후 1시까지는 3학년 영어이고, 그때부터 6교시까지는 두 반을 합쳐서 3학년 전원이 문학 수업을 받는다. 덕분에 후스카 선생님은 수업이 없다.

2시가 되면 학생들도 교사들도 모두 귀가하고 학교에는 아무도 남지 않는다.

수업 방식은 교사가 정한다

9월 8일 8시 15분부터 9시까지는 2학년만 과학 수업을 받았다. 두 명은 교실에서 나가 추출식 보충수업(핀란드어)을 받는다고 했다. 이 수업에는 보통학급 보조교사가 한 명 더 들어왔다.

후스카 선생님이 칠판에 썼다. "9월 8일 금요일 과제 : 날씨 기록하기." 그리고 나서 그녀는 오늘자 신문을 한 부씩 학생들에게 나누어 주었다. 그리고 또 칠판에 썼다. "1. 일기도기호를 찾으세요. 2. 세 개씩 노트에 그리세요."

이 수업 시간에 후스카 선생님이 칠판에 쓴 것은 이것뿐이었다. 그 후 그녀는 "다한 사람은 종이에 기호를 한 개만 크게 그려서 발표하세요"라고 말했다.

아이들은 두세 명씩 그룹으로 나눠 작업을 시작했다. 일기도기호는 모두 10개였다(99페이지 사진 참조). 기호를 찾아 베끼는 아이도 있고, 신문을 잘라내 노트에 붙이는 아이도 있었다. 꼭 그리지 않아도 되는

1 후스카 선생님이 신문을 나눠주고 과제를 냈다.
2 신문에 나온 일기도기호. M자는 여기에는 안 나왔다.
3 "어디, 다 됐니?"
4 정성스럽게 자세히 베끼는 아이도 있고
5 기상도를 재빨리 오려내는 아이도 있다. 같은 과제인데도 각자 지혜를 내서 다르게 해결한다.
6 산수책을 편 아이는 뭐지?
7 과제를 끝내고 노는 아이가 있는가 하면
8 남아서 차분하게 과제를 계속하는 아이도 있다. 무슨 일이든 자기 속도대로 한다.

것이다. 예상을 뛰어넘는 아이디어가 튀어나온다.

20분쯤 지나자 벌써 과제를 마친 아이가 있다. 후스카 선생님은 종이에 크게 기호를 그리게 했다.

그런데 아무것도 안 하는 아이도 있다. "뭐 하니?" "어떤 게 기호인지 모르겠어요." "잘 찾아보렴." "네." 이런 대화가 오가기도 한다.

아프리카계 남자 아이가 무표정하게 앉아 있었다. 보통학급 보조교사가 계속 옆에 앉아서 말을 걸었다. 후스카 선생님도 때때로 말을 걸었다. 드디어 그 아이는 날씨가 나와 있는 페이지를 펼치기는 했는데 그걸로 끝이었다. 그 아이는 전혀 말을 하지 않았다.

칠판에 태양, 구름, 비의 기호를 자석으로 붙였다. 이 수업의 과제는 여기까지이다. 과제를 다 끝낸 아이는 자유이다.

어떤 여자 아이가 M자를 크게 그려서 잘라냈다. "이건 뭐니?" "저기 앞이요." "기호를 고르라고 했는데." "일기도에서 골랐는데요." 아이는 이것도 일기도기호라면서 자신은 틀린 게 아니라고 주장한다. 그래서 후스카 선생님은 그냥 통과시키기로 했다.

"과제를 끝낸 사람은 노트를 가방에 넣은 후 게임을 해도 좋아요." 후스카 선생님이 말했다.

다른 아이들은 가버렸지만 남자 아이 두 명이 열심히 과제를 하고 있었다. 과학을 좋아하는 아이들일지도 모른다. 그들은 기호를 그리면서 설명까지 썼다.

나중에 필자는 이런 질문을 했다.

"수업이랑 상관없이 산수 문제를 푸는 애가 있던데요. 깜빡 잊고 숙제를 해오지 않아서 그랬던 건가요?"

"그 애는 우리 반 학생의 언니예요. 1교시 수업이 없다면서 동생과 함께 이 교실에 있어도 되느냐고 묻더군요. 그래서 그러라고 했어요." 태평한 대답이었다. 그 학생은 3학년이라고 했다. 학교는 집과 비슷한 생활의 장이었다.

게다가 핀란드 학교에서는 1교시가 대개 선택 수업이나 핀란드어 수업이나 산수 수업이라서 수업이 없는 아이들도 꽤 많다. 이건 추운 겨울 날씨를 체험해보면 납득이 간다.

과학실을 이용한 활동주의적인 수업

10시 15분부터 10시 45분까지는 2, 3학년의 합동 과학 수업이다. 먼저 학생 수가 많기 때문에 후스카 선생님이 출석을 불렀다. 다음에는 칠판에 이렇게 적었다. "비. 1. 비는 어떻게 생겨날까요? 2. 그림으로 설명해봅시다." 그리고 학생들에게 "나중에 말로 설명해야 한다"고 알려주었다.

그리고 질문이 나간다. "비는 어떻게 생겨날까요?" 여러 과목에서 일기도, 비, 물이라는 테마가 나오는 것은 전 학년 공통 테마인 '물'과 관련이 있다. 후스카 선생님이 주전자를 준비하고 아이들은 와글와글 떠든다.

3분 정도 지나자 아이들은 각자 작업을 시작했다. 그 사이에 후스카 선생님은 실험을 준비한다. 아이들은 자기 노트가 아닌, 친구의 노트에 필기하기도 하면서 시끌시끌하다. 뜨개질을 하는 남자 아이도 있다. 그림을 잘 그린 여자 아이는 후스카 선생님에게 보여주며 자랑한다.

그리고 수업이 시작된다. 후스카 선생님이 남자 아이를 지명했다.

1 교실은 조금 좁고 붐빈다.
2 "자아, 모이세요. 이렇게 하는 거야."
3 증기에 차가운 숟가락을 댄다.
4 물방울을 투명한 판에 떨어뜨린다.

그 아이는 비가 어떻게 생기는지 자신의 생각을 발표한다. "그림으로 그리진 않았어도 제대로 설명했구나." 후스카 선생님이 장난스럽게 칭찬한다.

드디어 실험이 시작된다. 주전자에서 나오는 증기에 냉장고에서 차갑게 식힌 숟가락을 갖다댄다. 곧 숟가락 끝에 물방울이 맺힌다. "자 봐, 비가 내렸어." 후스카 선생님이 말했다.

또 하나의 실험은 투명한 판 위에 스포이트로 물방울을 여기저기 떨어뜨리는 것이었다.

"이게 뭔데요?" 남자 아이가 묻는다. "수증기도 한 알밖에 없으면 떨어지지 않지만 이렇게 모여서 커지면 아래로 떨어지는 거야." 후스카 선생님이 더 많은 물방울을 떨어뜨리자 투명한 판 위에 커다란 물방울이 만들어지더니 이내 아래로 떨어지려 한다. 조금 전 질문한 남자 아이는 그걸 보고 "그렇구나"라며 이해한다.

이날은 금요일이었다. "그럼 일주일 진도를 점검합시다." 후스카 선생님의 지시에 따라 모두가 학습계획표에 일주일간의 학습에 대한 자기평가를 써넣는다. 오늘은 금요일이기 때문에 수업 중에 주간 정리를 하는 것이다. 자기평가를 끝낸 아이부터 밥을 먹으러 갔다. 곧 여덟 명이 나가고, 뒤이어 네 명이 나가더니 금방 교실이 빈다. 밥을 먹을 때도 한꺼번에 가지 않는다.

점심시간이 끝난 후 2학년은 하교했기 때문에 11시 15분부터 12시까지 3학년만 과학 수업을 받는다. 수업 내용은 앞서 진행된 2학년의 수업 내용과 같지만 수준이 다르다.

후스카 선생님은 칠판에 이렇게 적었다. "기상도. 1. 짝끼리 숙제를 서로 읽어주세요. 2. 오늘 날씨는 어떤가요? 3. 신문의 일기도에는 어떤 기호를 사용하나요? 그 기호는 어떤 날씨를 나타낼까요? 그려보세요. 좋아하는 기호를 크게 그려보세요." 이것이 끝이었다. 지식을 주입하는 수업이 아니라 생각하는 수업이 진행되는 것이 분명했다.

아이들끼리 "어제 날씨는 흐리고 바람이 조금 불었습니다"라고 숙제를 읽어준 뒤 "오늘 날씨는 맑고 바람이 적습니다"라고 노트에 적어야 하는데 11명 중 즉시 과제를 시작한 아이는 달랑 세 명뿐이었다. 변함없이 뜨개질을 계속하는 아이에게는 "지금은 뜨개질 시간이 아니잖

1 남자 아이는 깔개를 만든다면서 아무 때나 뜨개질을 했다. 과학 수업이 시작되어도.
2 그 와중에도 수업은 진행된다. 남자 아이는 뜨개질을 멈추고 과제를 시작했다. 그 사이에 후스카 선생님은 한 번도 주의를 주지 않았다.
3 과제를 마친 아이가 밖으로 나가서 뜨개질을 한다. 공동 작품을 만든다고 한다. 오른쪽의 여자 아이가 교사 역할을 하고 있다. 남자 아이는 아시아계 이민 아동이다.

니?"라고 후스카 선생님이 주의를 준다. 하지만 그런 와중에도 수업은 진행되었다. 15분이 지나자 절반 이상의 아이들이 과제를 하고 있었고 뜨개질을 하던 아이도 뭔가를 시작했다. 그 사이에 후스카 선생님은 절대로 공부를 강요하지 않았다.

일기도 대신 광고를 보는 그룹도 있었다.

"야, 셔츠 싸다."

"언제까진데?"

"내일까지."

남자 아이 둘이 떠들고 있었다. 등 뒤로 선생님이 지나가는 걸 느끼자 그들은 곧 일기도를 펼치고는 "헤헤헤" 하고 쑥스럽게 웃는다.

휘파람을 불며 작업하는 여자 아이도 있다.

후스카 선생님은 보통학급 보조교사가 개별지도 중이던 남자 아이에게 다가가서 신문을 같이 보자고 한다. 선생님은 신문을 첫 페이지부터 차례로 넘겨 일기도가 나와 있는 페이지를 펼쳤다. 선생님은 아이를 다그치지 않고 흥미를 갖게 한다.

20분이 지나자 한 아이만 빼고 모두가 수업에 열중했다. 일기도기호를 한 개 골라서 도화지에 크게 그려 넣은 다음 오리기까지 마친 아이는 여섯 명이었다. 노트에 설명을 쓰는 아이가 세 명이었고, 그제야 겨우 일기도에 흥미를 느껴 기호를 자르는 아이가 한 명, 그리고 아무것도 안 하고 낙서하는 아이가 한 명이었다.

후스카 선생님은 아무것도 하지 않는 아이에게 종이를 가져가서 확대도를 그리게 한다. 그 아이는 구름과 번개의 기호를 금방 그리고 5분만에 과제를 끝냈다.

과제를 마친 아이는 복도에 나가 뜨개질을 시작했다. 그 수가 두 명에서 네 명으로 늘어나자 뜨개질을 잘하는 아이에게 세 명의 학생이 뜨개질을 배운다. 즉석 뜨개질 교실이 열린 것이다. 최근 공예 시간에 뜨개질을 가르쳤는데 3학년 사이에 폭발적으로 뜨개질이 유행 중이라고 한다. 급기야 여럿이서 작품을 만들기로 했단다. 수업에서 배운 성과가 발전해나가는 모습이다. 배움이 수업 시간 안에 갇혀버리지 않는 점이 참 좋았다.

수업 시간마다 초지일관으로 뜨개질을 하는 남자 아이는 깔개를 만든다고 한다. "누나도 만들었거든요." 그 애는 원대한 계획을 실행 중이다.

수업이 끝날 때까지 가만히 노트에 뭔가를 쓰던 여자 아이가 두 명 있었다. 과제를 마치지 못한 아이들인 줄 알고 노트를 슬쩍 보았는데 이게 웬일인가. 노트에 기호를 그린 것은 물론이고 자세한 설명까지 쓰고 있었다. 교사가 설정한 수준과는 다른 학습 스타일로, 핀란드 교육에서는 이런 모습도 허용되는 모양이다.

이렇게 해서 2학년은 물방울 실험까지, 3학년은 그걸 발전시켜서 구름이나 비가 생기는 과정까지 학습했다. 다음 주에 2학년은 수치 계산을 한다고 한다. 온도차 같은 것을 계산할 모양이다.

뒤처진 아이도 따라갈 수 있는 수업

후스카 선생님은 자신이 맡은 3학년 학생들을 대상으로 영어 수업을 진행한다. 한 달 전부터 시작된 새로운 과목이다. 학생은 10명이다. 어학 수업 때 두 학년으로 구성된 복식학급은 학년을 기준으로 나뉜다.

학생은 교과서(CD가 딸려 있다), 워크북, 노트를 펼친다. 후스카 선생님이 칠판에 "good afternoon"이라고 쓴다. 그녀는 SB10, 그러니까 교과서Study Book 10페이지를 펴라고 칠판에 적는다. 교과서를 펼 생각이 전혀 없는 아이들도 많다.

후스카 선생님은 교과서 내용이 담긴 CD를 튼다. 리듬감 있게 "원 바나나, 투 바나나, 스리 바나나, 포!"라는 노래가 흐른다. 아이들은 거기에 맞춰 노래 부른다. 노래를 부르지 않는 아이도 있다. 뜨개질 소년은 입으로는 영어를 하고 손으로는 뜨개질을 한다.

'텐'까지 두 번 부르자 응용편이 시작된다. '바나나'가 '포테이토'와

'토마토'('토메이토'라고 발음하진 않았다)로 바뀐다. 여기까지는 전과 똑같다. 노래가 흐르는 동안 후스카 선생님은 책상 사이를 돌아다니면서 아이들이 숙제를 해왔는지 워크북을 검사한다. 해오지 않은 아이도 있지만 야단은 치지 않는다.

숙제를 해오지 않아도 수업을 잘 따라오는 아이도 있고, 특별한 이유가 있어서 숙제를 못 해온 아이도 있기 때문이다. 그런 아이는 작업 시간에 숙제를 해도 된다. 자신이 숙제를 하지 않았다는 사실은 아이 자신도 알고 있다. 그런 일이 몇 번 계속되면 교사는 문제가 있다고 판단하고 대처법을 고민한다. 그러나 대개 아이들은 어떻게든 따라오게 되어 있다.

오늘 학습할 단원은 칠판에 쓴 10페이지, 'What's colour?'이다. 철자는 영국식이었다. 후스카 선생님은 다시 CD를 튼다. 네 번째 줄의 영문을 읽어주자 아이들은 그 문장을 손가락으로 짚으며 CD의 발음에 따라 교과서에 그려진 목장 풍경 속의 깃발을 두 번, 책장을 두 번 손가락으로 가리킨다. 이 대목에서 책을 펴지 않았던 아이도 합류하여 장하게도 전원이 수업에 참가했다. 수업이 시작되고 15분이 지난 시점이었다.

그 사이에 후스카 선생님은 딱 한 번 주의를 주었다. 워크북을 보던 여자 아이에게 "아이샤, 교과서 봐야지"라고. 하지만 교과서조차 펴지 않았던 아이가 있었기 때문에 그녀가 일률적인 지시를 내렸다고는 볼 수 없다. 교사는 강제하는 것이 아니라 상황에 따라 말을 거는 것이다.

아이샤는 이슬람 가정의 아이로 오전의 과학 수업에는 그다지 흥미를 보이지 않았는데 영어 수업에는 꽤 적극적이었다. 의욕은 있는데

1 옆의 아이는 워크북을 시작했는데도 여전히 예전 과제에 열중하는 아이도 있다. 전혀 초조한 기색이 없다.
2 시간을 들여 귀여운 사탕 일곱 개를 다 그렸다. 자신의 속도에 맞춰서 자신의 개성을 펼쳐가며 이해하는 학습을 한다.
3 일제수업이지만 그룹별로 개인학습이 주로 이루어진다.
4 수업은 지식을 외우는 것이 아니라 즐기는 것이라는 인식이 박혀 있다.

산만한 아이에게는 주의를 주지만 무리해서 강요하지는 않는다. 이 모두 교사의 판단에 따른 것이다.

CD가 멈추자 후스카 선생님이 아이의 셔츠를 가리키며 "Mina, What's colour?"라고 묻는다. 질문을 받은 미나가 대답한다. 후스카 선생님은 모든 학생과 차례대로 이런 질문과 대답을 주고받는다. 모르는 색이 나오면 유사한 색으로 대답하면 된다. 그러면 선생님이 바로잡아준다. 교과서에 없는 단어도 배운다. 상당히 응용된 단계이다. 외국에서 거주한 경험이 없는 교사라도 이 정도의 영어 회화는 할 수 있다.

마지막으로 후스카 선생님은 색종이를 준 다음 "숫자를 쓰고 그 숫자를 그림으로 나타내세요."라고 말했다. 학생이 모두 10명이라서 각자 숫자를 하나씩 맡았다. 예전에 배운 단원과 오늘 배운 단원을 함께 복습하는 과제이다.

예를 들면 'seven'은 사탕 일곱 개를 그린다. 작업 시간은 15분 정도였다. 작업 중에는 'Wash your head'라는 영어 노래를 틀었다. 영어에 둘러싸인 환경을 만들어주기 위해서인 듯했다.

1과 2를 맡은 아이는 3분 만에 과제를 끝내고 칠판에 작품을 걸었다. 과제를 끝낸 아이에게 후스카 선생님은 워크북을 하라는 지시를 내린다.

하지만 공들여서 숫자를 디자인하는 여자 아이도 있다. 아무것도 하지 않는 여자 아이 두 명에게 "몇 번을 쓰는 건지 아니?"라고 후스카 선생님이 확인한다. "무슨 그림을 그려야 할지 모르겠어요"라고 아이가 변명하면서 귀여운 사탕 일곱 개를 그렸다. 그러고는 다른 아이가 이미 과제를 끝냈는데도 초조한 기색 없이 숫자까지 꼼꼼하게 칠하기 시작한다. 영어를 공부하면서 산수와 미술까지 함께 공부하는 것이다.

전원이 과제를 끝낸 후에도 워크북 작업이 5분쯤 계속된다. 5분 동안 끝내는 아이도 있다. 끝내지 못하고 남은 분량은 숙제가 된다.

남은 수업 시간 중 10분을 할애하여 다음 단원에 들어갔다. 후스카 선생님은 칠판에 SB11이라고 쓴 다음 학생들에게 교과서 11페이지의

'My Pets'를 펴게 한다. 학생들은 CD를 들으면서 교과서에서 동물 그림을 찾는다. 후스카 선생님은 CD의 특정 부분을 반복해서 들려주고 자기도 직접 단어를 발음하면서 아이들이 동물 그림을 모두 찾을 때까지 한 개의 단어를 서너 번쯤 반복한다.

후스카 선생님은 수업을 여기서 마치고 월요일까지 해야 할 숙제를 칠판에 적는다. "Homework 8, 9. 1. 교과서에 나온 애완동물의 이름을 핀란드어와 영어로 써오세요. 2. 애완동물의 이름을 외우세요." 즉 워크북 8, 9페이지와 애완동물의 이름을 숙제로 내준 것이다.

방과 후에 후스카 선생님에게 질문했다.

"일본이었다면 one부터 ten까지를 한 단원으로 묶고, white, red 등 10가지 색을 한 단원으로 묶어서 단원별로 단어를 외우게 했을 거예요. 그리고 시험을 계속 치르겠죠. 그런데 여기는 어떤가요?"

"학급의 목표는 정해져 있지만 개인의 진도는 다릅니다. 똑같은 것을 배우는 데도 두세 배의 시간이 걸리는 아이가 있으니까 그 자리에서 반복시켜서 억지로 외우게 하지 않습니다. 긴 안목으로 보면 모든 아이가 성장하게 되어 있습니다. 모두에게 똑같은 목표를 부과할 수는 없습니다. 의욕(동기)이 중요하니까 '왜 안 되니?', '어째서 안 되니?'라고는 말하지 않습니다. 하지만 수업을 빼먹는 아이는 예외지요. 노트를 보거나 수업을 해보면 특별히 시험을 치르지 않아도 아이가 어디까지 알고 있는지 파악할 수 있습니다. 물론 3개월이 걸려도 전 과목에서 뒤처지는 아이의 경우 뭔가 문제가 있다고 판단하고 특별 팀을 만들어 원인을 찾습니다. 특별한 도움이 필요한 아이라면 특별지원수업을 짜게 되는데 이런 일은 드뭅니다. 어느 정도의 특별지원을 해야 할지를 정할 때 시험 점수 같은 명확한 기준은 없습니다."

　단원을 복합적으로 반복하는 교재와 수업, 소수로 구성되어 진도를 정확하게 파악할 수 있는 학급 등의 조건이라면 어떤 아이든 잘할 수 있다. 교과서에는 CD도 포함되어 있어서 혼자 공부할 수도 있다.

　교과서는 학교의 사물함에 두고 다니지만 워크북은 집에 가지고 간다. 그 외에 자습용 교재도 있어서 공부하고 싶은 아이는 얼마든지 공부할 수 있다.

구성주의적인 지식관, 그래서 점수를 매기지 않는다

　그런데 이런 수업으로 어떤 지식을 얻게 되는 것일까?

　수업에서 다뤄야 하는 테마는 국가 커리큘럼으로 정해져 있다. 교과서는 그것을 총망라하고 있어서 교과서대로 가르치면 그다지 문제는 없다. 실제로 그렇게 하는 학교도 있다.

　하지만 학교가 독자적으로 테마를 구성해서 수업 계획을 만드는 것도 가능하다. 핀란드의 학교와 교사에게는 그럴 만한 힘이 있다.

　다루는 테마는 공통적이지만 그것을 어떤 지식으로 구성할지, 그러니까 어떤 수업을 할지는 학교와 교사에게 맡긴다. 전국적으로 일률적인 지식을 배워야 한다는 생각이 없기 때문에 시험도 없다.

　후스카 선생님에게 물어보았다.

　예를 들면 테마가 '유럽과 핀란드의 지리'라면 어떻게 될까? "일본에서는 강의 이름이나 호수의 이름 같은 것을 전국적으로 똑같이 배우지요." 필자가 말하자 후스카 선생님이 대답했다. "핀란드에서는 그렇지 않습니다. 헬싱키에 살면 핀란드 만(동발트 해)을 위주로 해서 발트

해를 사이에 두고 마주하는 여러 나라를 배우겠죠. 핀란드 북부에 산다면 보스니아 만을 주로 배우고, 라플란드나 스웨덴과의 관계를 포함시킬 겁니다. 어떤 형식으로 테마를 표현할지는 각 학교에서 교사들이 결정합니다."

그 이상의 지식은 필요할 때 배우면 된다. 고등학생이 된 후나 취직한 다음에도 배울 수 있다. 지식의 구성 방법(이것이 '메타지식'이다)을 배워두면 언제든 더 나아갈 수 있다. 중요한 것은 자신이 이해하고 배우는 것이다. 즐겁게 배우면 지식은 정착된다. 교사는 배운 지식을 점검하면서 학습 프로세스를 만들어주는 것에 주안점을 둔다. 정착된 지식의 양으로 잘한다 못한다를 판단하는 것이 아니라 지식을 획득해가는 프로세스를 확실하게 구축하는 것이다. 이것이 핀란드의 수업이다.

왜 이런 교육관을 갖게 된 것일까? 그 토대는 예전부터 만들어졌다. 그중에도 1970년대에 신교육사상이 보급된 것이 큰 이유이다. 핀란드는 1950년대 후반부터 1960년 무렵까지 신교육사상을 차근차근 받아들였다. 그리고 1990년대 초반 신자유주의적 개혁에 의해 신교육사상은 꽃을 피웠다. 전 국민이 구성주의적 교육관을 갖게 된 것이다. 핀란드의 교육은 매우 심오하다.

Commentary

핀란드 vs 대한민국

우선 제도적으로 고려해볼 수 있는 측면을 가볍게 스케치해보자. 학교와 교사에게 주어지는 재량권이 돋보인다. 학급 구성의 재량권은 물론이고 다양한 수업 단위를 자율적으로 구성할 수 있는 재량권까지 갖고 있다. 복식학급이 핀란드에서는 매우 일반화되어 있다. 우리는 학년을 거의 절대적인 기준으로 사용한다. 학교나 교사의 입장에서 관리의 편의성을 철저하게 배제하고 배우는 학생의 입장에서 필요한 조치를 취하는 모습이 인상적이다. 개인차를 최대한 배려하는 것에도 주목해야 한다.

따라와라 vs 맞추겠다

복식학급이 운영되는 모습을 보면서 느낀 점을 정리해본다. 학습에서 개인별 차이를 인정하는 데서 한 걸음 더 나아가 한 개인이라도 시기별로, 테마별로 차이가 나타나기에 최대한 고려해서 지도해야 한다는 말에 입을 다물기 어렵다. 가르치는 입장이 아니라 배우는 학생이 주체가 되는 구조에서나 가능한 일이다.

학생은 그룹을 짜서 서로 가르쳐주고 교사는 개별 지도를 위해 최선을 다한다. 문제가 생기면 보조교사가 보충학습을 도와준다. 또한 자습용 교재가 따로 있어서 더 공부하려는 학생들에게 기회를 제공하고 있다. 수업의 목표는 정해져 있지만 개개인의 학습 진도는 다르다. 우리의 교육이 '이끌어주겠다, 따라와라'는 식이라면 핀란드는 '스스로 공부해라, 그러면 하나하나 맞춰주겠다'는 식이다.

주입식 vs 참여형

우선 수업 시간에 대한 재해석이 필요하다. 교사와 학생 외에 다른 사람이 비교적 자유롭게 수업 중인 교실에 들어올 수 있다는 사실을 어떻게 받아들여야 할까? 과제를 마쳤으면 게임을 해도 좋다고 말하는 선생님을 어떻게 이해해야 하나?

수업 내용을 충분히 소화한 학생들은 복도에 나가 뜨개질을 한다. 교사의 지도보다 앞서가는 아이들도 자유롭게 자기 스타일대로 수업에 참여한다(진정한 수월성 교육의 모델이 될 수도 있을 것 같다). 수업 시간에 학생들은 자신의 배움을 이끌어가는 주인공으로 활약하고 있다. 이것이야말로 진정한 자기주도성의 현장이 아닌가?

최근 우리나라에서도 자기주도적인 학습이라는 말이 유행했는데 정말 유감이 많았다. 자기주도적일 수 있는 기회를 철저하게 빼앗으면서 혼자 공부할 때만 자기주도성을 발휘하라니, 정말 모순적이기 때문이다. 말로는 스스로 알아서 하라면서 현실에서는 철저하게 통제하려고 한다. 이런 모순 속에서 학생들은 그 누구도 신뢰할 수 없는 상황에 놓인 채 눈치를 보게 될 것이 뻔하다. 언행일치라는 말이 떠오른다. 철저한 언행일치, 바로 자기주도적일 수 있도록 철저하게 배려하는 모습을 보면서 부럽다는 생각이 든다. 언행일치, 서로 간의 굳건한 신뢰감의 형성이라는 말이 저절로 나온다.

학습 결과에 대한 책임

공부 계획을 수업 시간 중에 세운다. 금요일에 교사와 함께 주간 단위로 공부 계획을 점검한다. 또한 스스로 자기평가를 한다. 학생에게 전적으로 맡기는 것이 아니라 학생을 돕는다는 생각이 깔려 있다. 그냥 가르친다는 관점에서 더 나아가 학습 결과에 대한 책임감까지 엿볼 수 있는 대목이 아닐까? 결국 학습 효과를 책임지기 위해 교사가 적극적인 노력을 펼치는 모습을 여러 장면에서 볼 수 있다.

   교사는 공부 계획을 함께 세울 뿐만 아니라 점검도 같이 한다. 자연스럽게 반복 학습이 가능한 교재를 적극 활용하도록 학생들을 지도한다. 부진한 학생들을 위한 각별한 노력은 기본이다. 우리나라에서는 학생들의 노력 부족으로 돌리면 너무도 간단하게 해결되는 문제들인데 핀란드에서는 교사들이 나서서 하나하나 챙겨준다.

뜨개질하는 아이

   교사가 학생들을 추궁하거나 통제하지 않는 교실 분위기는 과연 어떨까? 체감해보고 싶다. 과제를 하지 않아도, 수업에 적극 참여하지 않아도, 교사의 지시를 따르지 않아도 추궁하거나 통제하지 않는다. 정말 그럴 수 있을까?

   공부를 강제하지 않는다. 어떻게 이해해야 좋은가? 수업의 주체인 학생의 기분까지 존중해준다고 볼 수 있다. 다그치지 않고 흥미를 가질 수 있게 최대한 배려하는 모습에서 진정한 참 스승의 진지함이 읽혀진다. 억지로 시켜봐야 효과가 없다는 사실을 상기해보자.

   관심이 있고 적극적인 학생들을 중심으로 공부하는 분위기를 연출하여 다른 학생들까지 학습 의욕을 갖게 하려는 의지도 엿보인다. 20분이 지나자 한 명을 제외하고는 모두 수업에 참여했다는 사실로 확인되지 않는가? 아이들의 기분은 무시하고 강압적인 분위기를 연출하여 일방적으로 독주하는 교사들이 떠오른다. 최소한 아이들의 기분을 고려하려는 노력은 해야 한다. 좋은 분위기에서 의욕적으로 공부할 수 있게 배려하는 것은 정말 소중한 노력이다.

수업 시간에 딴짓을 하는 아이들을 대하는 교사의 태도를 통해 우리는 무엇을 배울 수 있을까? 스스로 공부하는 태도를 키워주기 위해서는 정말 철저하게 통제를 배제해야 한다는 사실을 깨닫게 된다. 개인의 자유를 최대한 보장해줌으로써 말로만이 아니라 다양한 경험을 통해 공부는 스스로 하는 것이라는 태도를 갖게 해주는 것 같다.

과연 대한민국 교실에서 그런 일이 벌어졌다면 어떻게 됐을까? 심지어 선생님의 권위를 무시하고 인격적으로 모독했다는 과잉반응도 있지 않을까? 자신을 무시하고 마음대로 행동한다고 체벌에 인격모독적인 발언까지 서슴지 않는 교사들의 모습이 떠오른다. 무엇이 그렇게 만들었을까?

핀란드와 한국의 학생과 교실 비교

후스카 선생님의 교실에서 볼 수 있는 학생들의 모습을 우리 학생들의 모습과 대비시켜보자.

핀란드 학생들은 스스로 배워간다. 하지만 한국 학생들은 통제하지 않으면 공부하지 않는다. 스스로 재량권을 발휘할 수 있는 시간이 주어지면 공부 스트레스를 풀기에 급급하다. 핀란드 학생들은 수업 시간에 긴장하거나 초조해하지 않고 자기 페이스대로 공부한다. 하지만 한국 학생들은 획일적인 기준이 적용되는 평가에서 뒤처지지 않을까 늘 불안하다. 핀란드 학생들은 자유로운 분위기에서 즐겁게 수업에 참여한다. 하지만 한국 학생들은 선생님의 수업을 구경하는 따분함과 각종 통제에 대한 거부반응에 시달린다. 가끔 열등생들에게 가해지는 정신적인 폭력으로 인해 열등감, 수치심, 반항심에 사로잡힌다.

교실을 비교해보자. 핀란드 교실은 즐겁고 유익한 배움의 장이다. 한국은 지겹고 따분한 인내심의 훈련장이다. 핀란드 교실은 자신의 욕구를 마음껏 발산하는 살아 있는 교육의 장이다. 하지만 한국 교실은 자신의 욕구를 최대한 억제해야 하는 훈련의 장이다.

후스카 선생님의 교실을 한국에서 구현하려면 어떻게 해야 할까? 정말 쉽지 않은 장애물이 중첩되어 있다는 사실을 모르지 않는다. 하지만 교실의 분위기와 학생들이 보여주는 모습을 통해 내린 결론이다.

그 어떤 희생과 대가를 지불해서라도 꼭 그렇게 만들어야 한다. 이유는 분명하다. 우리의 교실이 달라진다면 정말 너무도 얻을 것이 많기 때문이다. 그리고 우선은 교사가 정말 많은 준비를 해야 할 것 같다. 우선 수업 시간표가 매우 복잡하다. 개인별 맞춤형 지도에 가까운 수업을 진행하기 위해서는 획일적인 시간표를 적용할 수 없다. 또한 학생 개개인에 대해 사전에 충분히 파악해야 하고 개인별 지도에 필요한 준비도 철저히 해야 한다. 교사 주도의 교육에서 벗어나 학생 주도의 교육이 진행되려면 이처럼 많은 준비를 해야 한다. 그러므로 교사 편의주의에 빠져 있다면 핀란드 교육은 엄청난 부담으로 다가올 수밖에 없다.

풍부한 지원책과 학년제의 미묘한 균형
―하마라이넨 선생님의 수업 풍경

　하마라이넨Johanna Hämäläinen 선생님은 3학년 16명과 4학년 여덟 명을 맡고 있다. 반의 애칭은 '바다표범'이다. 선생님은 오스트레일리아에 2년 동안 유학해서 영어를 잘한다. 또 오스트레일리아에서 아시아인과 가깝게 지냈기 때문에 일본인인 내게도 적극적으로 말을 걸어왔다.

　진도가 다른 학생들을 가르치기 위해서 반을 둘로 나누고 주당 여섯 시간만 다른 수업을 한다. 시간표(표 2-1) 중에 A그룹, B그룹으로 쓰여 있는 부분은 반으로 나뉘어서 산수 네 시간, 과학 두 시간의 수업을 받는다. 12명씩 같은 수로 반을 나누기 위해 3학년 중 4학년 수업을 소화할 만한 학생을 네 명 뽑아서 4학년 반에 붙였다. 시험을 쳐서 정하는 것은 아니고 4학년을 3학년으로 떨어뜨리는 것도 아닌, 느슨한 방식이다. 필자는 그런 방식이 다소 미덥지 않게 느껴졌지만 하마라이넨 선생님도 아이들도 신경 쓰지 않았다. '스스로 배워서 성장하라'는 교육은 각자의 실력에 맞춘 지원과 학년제 사이에서 미묘한 균형을 잡고 있었다.

표 2-1 **바다표범 반의 시간표**

	월	화	수	목	금
8:15-9:00	A그룹, B그룹	체육	X		X
9:00-9:45	(과학 혹은 산수)		X		전교 활동
10:15-11:00	X	X	3학년 영어	3학년 영어	A그룹
			4학년 영어	4학년 영어	B그룹
11:00(점심시간) -12:30	X 주간계획		X	미술	(특별활동)
12:30-13:15	X		A그룹		X 주간총괄
13:15-14:00	B그룹				B그룹

　월요일 1, 2교시에 하마라이넨 선생님은 다른 반으로 영어 수업을 하러 갔다. 시간표에 X로 표시된 부분은 과목이 딱히 정해져 있지 않은 시간이다. 과목도 있고 교과서도 있는데 시간표는 X이다. 이것은 핀란드의 학교교육이 교과에 기반을 둔 커리큘럼이 아니라 컴피턴시에 기반을 둔 커리큘럼이라는 것, 한마디로 교과목으로 나누는 것이 아니라 복수의 교과 학습을 통해 종합적인 능력을 키워나가는 것임을 의미한다.

　이날 3, 4교시에는 워크숍 형식의 복수수업이 이루어졌고, 하마라이넨 선생님은 특별지원교사와 둘이서 한 반, 그러니까 두 학년 분량의 수업을 진행했다. 끝날 무렵에는 학생들에게 주간계획을 작성하게 했다(월요일마다 주간계획을 작성한다). 6교시에 하마라이넨 선생님은 B그룹을 대상으로 혼자 산수 수업을 진행했다.

핀란드의 영어 수업

9월 11일 월요일 아침 8시 15분부터 9시까지는 다른 교사가 담임을 맡고 있는 5학년 학급의 영어 수업이 있었다.

8시 15분 학생들이 도서실로 들어온다. 빈 교실이 없어서 좁지만 이곳에서 수업을 진행한다.

"○○는 늦게 와요." 한 아이가 말했다. 하마라이넨 선생님은 12명의 5학년생을 상대로 영어로 말한다.

"What did you do in weekend?"

아이들은 더듬거리는 영어로 대답하고, 잘 모르는 경우에는 핀란드어로 대답한다.

하마라이넨 선생님이 아이들의 핀란드어를 영어로 바꿔 말해준다. 아이들은 자신이 하고 싶은 말을 그 자리에서 영어로 배운다.

순조롭게 질문과 대답을 주고받는데 한 아이가 나타났다. 아이가 "I sleep left"라고 말한다. 하마라이넨 선생님이 "Close the door"라고 지시한다. 하마라이넨 선생님은 자신이 주말에 본 텔레비전 프로그램에 대해 영어로 설명한다. 이때 그녀는 참관자인 나를 영어로 소개했다. 게다가 "Good morning!"을 일본어로 말해보자면서 모두에게 "오하요고자이마스"라고 말하게 한다. 실제 일본인을 앞에 두고 외국어를 알면 세계가 넓어진다는 사실을 확인시켜주려는 의욕적인 태도가 놀랍다.

이 10분간은 영어 수업의 도입부, 아니면 응용편인 듯했다.

8시 25분 학생들이 한 사람씩 영작 노트를 돌려받는다. 하마라이넨 선생님은 주말에 집에서 숙제를 살펴본 것 같다. 그다음에는 금요일에

1 주말에 무엇을 했는지 각자 영어로 질문한다. 자기 신변과 관련된 커뮤니케이션을 하면서.
2 시계를 사용하여 시간을 말하는 법을 영어로 설명한다.
3 설명이 끝나자 하마라이넨 선생님이 차례차례 질문한다.
4 설명을 듣는 아이도 있고 안 듣는 아이도 있다.

    실시한 단어 시험지를 학생들에게 돌려준다. 그녀가 "20개 중 18개는 맞아야 해"라고 말한다. 말투로 보아 아주 뒤처진 아이는 없는 것 같다.
    채점이 이상하다고 항의하는 아이가 있자 하마라이넨 선생님이 그 아이의 시험지를 다시 받아들고는 오늘의 테마인 'Time'으로 옮겨간다.
    "What time did you go to bed?"라고 하마라이넨 선생님이 질문한다. 교과서를 편 아이도 있고, 그렇지 않은 아이도 있다. 교과서를 배우는 수업이 아니다. 자신의 체험에서 지식을 배우는 것이다.

"Half past ten"이나 "Ten thirty"나 "Quarter past nine" 등으로 선생님이 시간을 표현한다. 그다음 아이들에게 그 말들을 칠판에 쓰게 하고는 스펠링을 확인한다.

"철자가 하나 빠졌네."

"r인가요?"

"어디에?"

"a 뒤에요."

이런 식으로 수업이 전개된다.

8시 30분 아이들은 소그룹으로 나뉘어 교과서를 펴고 시간을 말하는 법을 쭉 배운다.

8시 37분 두 팀으로 나뉜 아이들이 테이블 양쪽에 앉아 게임을 시작한다. 하마라이넨 선생님은 시계의 모형을 각 팀에 나눠주고는 차례로 시곗바늘을 돌리게 한다.

하마라이넨 선생님이 "Half past six"라고 말하면 아이들이 시곗바늘을 6시 30분에 맞춘다. 처지는 아이는 옆에 앉은 아이들이 알아서 도와준다. 모두가 몸을 내민 채 친구의 동작을 지켜보며 열중한다.

8시 45분. 워크북 작업에 들어간다. 하마라이넨 선생님이 처지는 아이들에게 다가가서 복습을 시키고 이해도를 확인한다. 워크북 작업도 노트에 베껴 쓰는 아이가 있는가 하면 워크북에 그대로 써넣는 아이도 있다.

오늘의 또 다른 테마는 'th' 발음이었다. 하마라이넨 선생님이 칠판에 'three'와 'tree'를 쓴다. 그녀는 그 차이를 설명하고는 워크북의 예문을 짝 지워 발음해보게 한다. 그 사이에 그녀는 책상 사이를 돌아다니면서 귀를 기울여 발음을 확인한다.

그리고 OHP로 그림을 보여주며 "나의 어머니mother는 ~를 좋아한다", "내 여동생sister은 ~를 좋아한다"라고 말한다. 구체적인 장면을 떠올리면서 두세 개의 구체적인 단어로 학습한다.

8시 56분 하마라이넨 선생님이 숙제를 칠판에 적는다. "교과서 3과를 읽을 것, 워크북 29페이지를 해올 것." 이런 식으로 수업을 마치면 반드시 숙제를 내는 모양이다.

9시에 수업은 끝났다.

그때 바다표범 반은?

하마라이넨 선생님은 영어를 잘하기 때문에 2교시에도 다른 5학년 학급을 가르친다. 이때 하마라이넨 선생님의 학급은 무엇을 하고 있을까? 3학년 16명과 4학년 여덟 명이 12명씩 나뉘어 1, 2교시를 내리 공예(수공예)와 과학 수업을 받고 있다.

과학 수업은 과학실에서 메뉴에 따라 각자가 진행한다. 교실에는 과학을 가르치는 교사가 있었지만 필요한 경우 외에는 참견하지 않는다.

일본에서는 일제수업 방식이라서 실험을 할 경우 똑같은 기구가 많이 필요하다. 반면 스트론베리 초등학교는 교실이 좁아 일제수업이 힘들기도 하거니와 실험 기구는 한 세트만 필요하도록 경제적으로 수업을 이끈다.

이 학교에서는 프레네 방식을 적용하기 때문에 프레네 학교조합이나 교재개발회사에서 실험 기구를 구입한다. 여러 개의 실험 기구 중에서 교사들이 쉽게 이해하고 이용할 수 있는 것만 고른다고 한다.

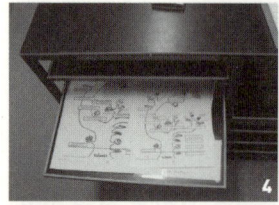

1 계속 혼자 실험하는 아이도 있다.
2 이 테이블에는 여러 아이들이 모여 있는 듯하다.
3 실험 기구는 선반에 모여 있다.
4 과제 용지는 해답과 함께 모아져 있다. 아이들이 커닝을 하려면 얼마든지 할 수 있지만 그런 아이는 없다.
5 현미경을 열심히 들여다보는 이 그룹은 과제를 끝내고 복도에 나가서
6 놀기 시작했다. 높이를 재는 실험 기구로 고층 건물을 표현한다.
7 복도에서 동물 카드를 펼쳐놓고 이름을 외우고 있다.
8 공예 수업을 받는 그룹이 재봉틀 사용법을 배우고 있다.
9 교사의 손을 뚫어지게 본다.
10 공예실의 천장은 높고 실내는 밝다.

실험 기구는 선반에 들어 있어서 아이들은 필요에 따라 꺼내 쓰고 깨끗이 씻어 반납한다. 그러면 다른 그룹이 사용한다.

아이들은 노트 뒤에 실험표를 붙이고 월일, 실험 종류, 함께 한 사람 등을 써서 진도를 나타낸다. 미리 예정된 실험을 적고, 나중에 실험이 끝나면 체크하는 식이다.

예정된 실험이 끝나면 다른 그룹의 실험을 지켜보거나 다른 그룹에 합류하기도 하고, 노트에 정성 들여 필기를 하거나 복도에 나가 동물 카드를 펼쳐놓고 동물의 이름과 그 특징을 외우기도 한다.

한편 공예 수업 때 아이들은 재봉틀 사용법을 배웠다. 바느질이 완성되어가는 것이 재미있는지 다들 열중하고 있었다.

과학 수업이든 공예 수업이든 이 학교 학생들이 핀란드 내에서도 유독 집중도가 높은 듯했다.

9시 45분 두 시간 동안 이어지던 수업이 끝나고 30분간의 긴 휴식시간이 찾아온다. 교사들은 교무실에서 차를 마신다.

워크숍 형식의 산수 수업

10시 15분 드디어 하마라이넨 선생님이 자신의 교실로 돌아왔다. 교실에는 작은 방이 두 개 붙어 있다. 3학년 16명과 4학년 여덟 명, 모두 24명이 모여 산수 수업을 했다. 이 수업에는 특별지원교사가 한 명 더 투입되었다.

먼저 게임으로 수업을 시작한다. 수업은 워크숍 형식의 과제를 수행하는 것이다. 예를 들어 문장으로 이루어진 문제를 풀 경우 구체적인 물건을 늘어놓는 등 작업을 하면서 생각한다. 연습문제는 교사가 따로

1 수업 중의 손놀이
2 아이들이 흉내 낸다. 수업에 집중시키려는 노력인 듯하다.
3 "어떻게 한 거야?" "아직 못했어."
4 "어, 그러니까 답은요……."
5 "쉬울 것 같네."
6 옆 그룹을 살펴보기도 한다.
7 "이렇게 하면 돼."
8 "왠지 어려울 것 같아."
9 "어라, 여기가 튀어나왔어."

10 "음, 다 됐네."
11 "이렇게 하면 어떨까?" "모르겠어요. 재미없어요."
12 "이렇게 해, 이렇게." 문제에 따라 활기차게 푼다. 여럿 중 잘 하는 것과 못하는 것이 있는 법이다.
13 "저기요, 선생님, 답을 봐주세요." "어머, 잘했구나."
14 "다음 과제야, 잘해봐. 어, 또 하는 거예요?"
15 "이것도 수업이에요. 레고지만요."
16 특별지원교사는 과제를 살펴보느라 매우 바쁘다.

프린트하거나 교재 회사가 만든 것을 적당히 이용하여 과제별, 단계별로 구성한다. 교재 회사가 개발한 것도 사용할 수 있어서 수업 준비가 쉽다.

하마라이넨 선생님이 아이들을 둘씩 짝 지운다. 과제 용지를 나눠 주자 아이들은 각자의 스타일로 과제를 푼다. 과제를 마친 그룹에게 선생님이 답을 알려주고 다음 과제를 풀게 한다. 선생님은 학생의 진도를 점검하면서 도움을 준다. O가 아니라 √나 X로 표시하고 점수도 매기지 않았다. 평가하는 것은 사고 과정이나 지식 활용이지,

지식량이나 속도가 아니다.

  선생님은 연습문제를 건너뛰어도 되는 아이와 반복해서 풀어야 하는 아이를 구분해가면서 개별적으로 대처한다.

  평면도형이나 입체도형을 만들기도 하고, 문자로 표기된 수를 아라비아숫자로 고치면서 큰 숫자부터 순서대로 늘어놓는 등 여러 가지 방법을 쓴다. 아이들은 수다를 떨면서 각자 과제를 풀고 있다. 문장제 문제를 잘 푸는 아이, 계산을 잘하는 아이, 도형에 능숙한 아이 등이 차례로 실력을 발휘한다. 문장제 문제를 풀 때는 얌전했던 아이가 도형 게임을 할 때는 웃음을 띤다. 평면도형을 만들려면 뒤집히는 양쪽을 생각해야 하기 때문에 논리력이 요구된다.

  11시 55분에 수업을 정리하기 시작했고 12시에 수업이 끝났다.

주간계획을 세운다

  12시 30분 다시 수업이 시작된다. 월요일에는 이 시간마다 주간계획을 세운다. 이미 만들어둔 노트가 있다. 이 계획평가장은 어느 교재 회사가 개발한 것이다. 하마라이넨 선생님도 같은 계획평가장에 계획을 적는다.

  이번 주는 52주 중 37주차이다. 노트에 그렇게 적는다.

  "일주일의 목표 부분에 '자신의 역할을 다한다'라고 쓰세요." 하마라이넨 선생님이 말한다. "주간 활동 부분에는 '학생회 대표(2명)를 수요일에 뽑는다'라고 쓰세요. 누가 하면 좋을지도 생각해보고요. 금요일 9시부터 학생총회라고 쓰세요. 여기 학생회 규약이 있으니까 꼭 읽어 오세요. 체육 시간에는 야외에서 구기 수업을 할 거예요. 칠판 당번

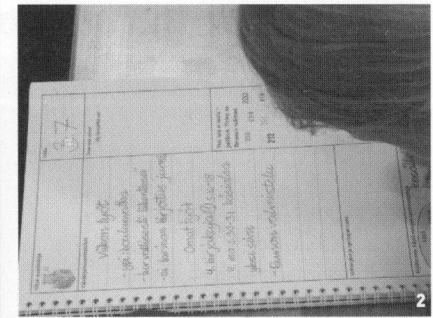

1 주간계획표를 쓴다. **2** 먼저 선생님이 말해준 필수 사항을 적는다.
3 다음으로 자신이 하고 싶은 일을 적는다. **4** 노트가 점점 채워진다.

은 누구죠?" 당번이 칠판 끝에 ○월 ○일 ○요일이라고 쓴다.

왼쪽 페이지에 이번 주 테마를 교과별로 쓴다. 과학은 '통학로의 교통안전', 핀란드에서는 이번 주에 이 테마로 수업을 하게 되어 있나 보다. 국어는 '이야기 쓰는 법', 영어는 'My Pets'이다.

다음에는 자신의 목표를 구체적으로 적는다. 다음 진도로 국어 교과서는 3학년이 18~19페이지, 4학년이 16~18페이지이다. 수학은 3학년이 30~31페이지이고 4학년도 30~31페이지이다. 쓰기는 3, 4학년 공통 교과서의 1~2페이지이다.

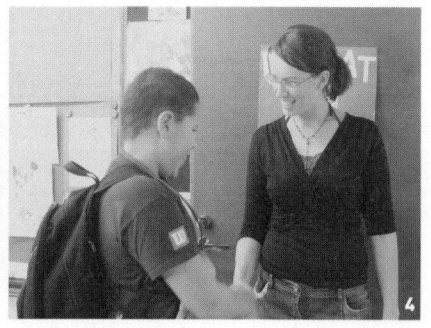

1 하마라이넨 선생님의 바다표범 반.
3 항상 헤어질 때 인사를 한다.
2 바다표범 반의 시간표.
4 "어때? 충실한 시간을 보냈니?"
"네, 고맙습니다."

선생님 교과서에 있는 시를 쓰는 거야. 다른 시를 찾아서 써도 되고.
여자 아이 내가 지어도 돼요?
선생님 물론이지. 할 수 있으면 해봐.

이런 식이다. 할 수 있으면 한다. 할 수 없으면 교과서대로 한다.

선생님 그런데 이것만은 매일 꼭 해야 돼. 뭐든 꼭 읽고, 교과서의 1, 2페이지를 써오는 거야.

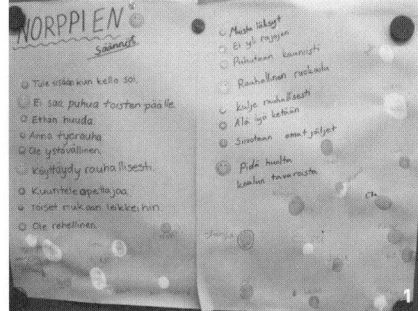
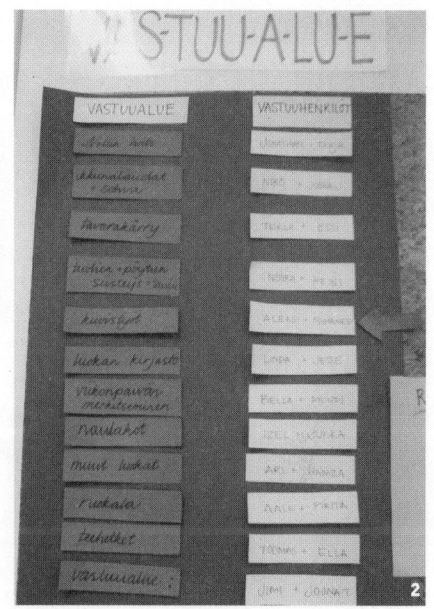

1 학급의 약속. 각자 이름을 적고 도장(밀랍 봉인을 흉내 낸 것)을 찍는다.
2 2인 1조로 당번이 정해진다.

    13시 45분 교장과의 인터뷰를 마치고 다시 교실에 돌아오자 아이들이 수학 수업을 받고 있었다. 곱하기와 나누기를 함께 배운다. 3, 4학년이 같은 시기에 비슷한 테마를 배우도록 교과서가 구성되어 있다. 교사는 지도서를 기본으로 가르친다.

    $4 \cdot 1 = 4$, $4 : 1 = 4$, $12 : 3 = 4$, $3 \cdot 4 = 12$라는 식으로 표기한다. 장소가 바뀌니 표기법도 다르다. 아이들은 $6 \cdot 6 - 20$ 같은 응용식을 풀고 있다. 일본에서도 3, 4학년이 이런 것을 배우던가 하는 의구심이 든다(일본에서는 4, 5학년이 배운다).

    3학년은 152페이지의 문제 24개를 풀어오는 것이 숙제이고, 4학년은 150페이지의 문제 12개를 풀어오는 것이 숙제이다. 아이들은 계획 평가장에 숙제를 적었다.

사회성 육성

새 학기가 되면 학급별로 약속을 정한다. '바다표범 반의 약속'은 '자신의 물건은 스스로 정리하자', '소리 지르지 말자', '다른 사람의 경계선을 넘지 말자' 등이다.

또 칠판을 지울 당번도 정한다. 이런 식으로 이곳은 배움의 장이라는 의식을 만들어가는 것이다.

핀란드 vs 대한민국

하마라이넨 선생님의 교실을 관찰하면서 먼저 든 생각은 평준화 문제이다. 수업 과제에 대한 피드백을 보면 점수를 매기거나 속도 경쟁을 시키지 않는다. 사고 과정의 문제를 지적하고 도움을 주기 위해 평가를 할 뿐이다. 각자 자신이 잘하는 분야에서 적극성을 보이도록 배려한다. 획일적인 기준을 적용하여 개성의 발현을 억압하는 것이야말로 하향평준화의 주범이 아닌가? 기회균등의 문제를 수월성 교육을 가로막는 평준화의 문제로 보는 것은 잘못된 진단이라는 판단을 핀란드를 보면서 확실히 하게 되었다. 인상 깊은 대목과 소감을 적어본다.

월요일 수업 시간에 주간계획을 함께

자신이 해야 할 일에 대해 학생들이 구상할 수 있도록 교사가 돕는다. 공부에 방해가 되는 온갖 요소들이 즐비한 상황에서 모든 것을 스스로 이겨내야 하는 한국 학생들과 비교하면 핀란드 학생들은 정말 행운아라는 생각이 든다. 그들은 자신이 선호하는 다양한 방식으로 배움을 스스로 이끌어갈 수 있다. 지금 당장 한국 학생들을 핀란드 교실로 보내면 많은 문제 학생들이 정말 열심히 공부하지 않을까?

자기 수준에 맞는 공부

3학년과 4학년의 경계가 무너져 있다. 형식적인 학년이 중요한 것이 아니라 스스로 배워서 성장할 수 있도록 여건을 만들어준다. 결국 학교 수업에서 인정하는 학력의 범위가 매우 넓다는 사실에 주목해야 한다. 그만큼 수업 시간을 따분해하거나 어렵게 여기고 포기하는 학생이 적어지고, 결국 수업에서 포괄할 수 있는 학생층이 넓어진다는 의미이다.

커닝하지 않는다

평가 결과(시험 성적)가 모든 것을 말해주는 사회에서 커닝은 패배자에게 역전의 기회를 주는 강력한 유혹임이 분명하다. 하지만 결과가 아니라 배움 자체를 소중하게 생각하는 분위기라면 커닝은 설 자리가 없다. 필요성 자체를 느끼지 못하기 때문이다.

몇 년 전 수능에서 벌어졌던 정보기기를 활용한 첨단 커닝 사건이 떠오른다. 당시 우리 사회는 그들의 파렴치함을 비난하면서 가혹한 형벌을 가했다. 그들도 평가 결과가 모든 것을 말해주는 사회적 분위기의 희생자라는 사실을 새삼 기억하고 싶다.

조금 더 확대 해석하면 우리 교육은 제도적인 문제점은 놔둔 채 모든 책임을 학생 개개인에게 돌리는 시스템이라 할 수 있다. 열심히 공부하기 어려운 제도와 환경의 희생자들에게 열심히 하지 않았다는 죄목을 뒤집어씌우는 일들이 너무도 빈번하게 벌어진다. 하지 못한 것을 하지 않은 것으로 둔갑시키는 데 대한민국은 너무도 능숙하고 익숙하다.

게임 방식의 수업

학생들에게 흥미를 유발할 수 있는 다양한 수업 모형을 개발하는 것이 매우 중요하다. 특히 돈을 벌기 위해 학생들의 흥미 유발에 도움이 되는 다양한 교재와 수업 모형을 적극 도입하고 활용하는 곳은 유감스럽게도 공교육이 아니라 사교육이다.

수익을 위해 학생이나 학부모에게 어필해야 하는 사교육의 수업 모형은 계속 진화하지만 공익을 앞세우면서 국가적인 통제의 끈을 놓지 않은 공교육은 오히려 퇴화하는 모습을 보이는 것 같다.

학교나 교사의 진화가 아니라 학부모와 학생의 적응을 요구하는 태도는 사라져야 한다. 특히 몇몇 교사들이 새로운 학기가 시작될 때마다 하는 이야기는 더 이상 듣고 싶지 않다. "나 원래 이런 스타일이니까 너희들 앞으로 조심해!" 제도 차원에서도 학생들이 적응하기 쉽지 않은데 교사의 개인적인 성격과 기호까지 맞춰야 하다니.

수업 시간과 쉬는 시간

학교 제도를 지탱하는 가장 기본적인 요소가 바로 시간표이다. 한국에서 수업 시간은 구속 구간이며 쉬는 시간은 자유 구간이다. 수업 종료를 알리는 종소리가 가지는 메타포는 그래서 대단하다. 구속에서 벗어나 자유를 되찾은 기분과 무엇이 다르겠는가? 그러나 핀란드의 모습은 너무도 다르다. 두 시간짜리 수업을 진행하고 30분간 쉬게 하는 등 수업 시간이 탄력적이며, 쉬는 시간과의 경계도 모호하다. 수업 시간이라는 제도적인 구속력이 거의 느껴지지 않는다.

반면 우리는 제도 운영의 효율성과 편의성을 지나치게 강조하는 것이 아닌가 하는 생각을 해보게 된다. 제도를 위한 제도는 너무도 많고 학생들을 위한 제도는 너무도 부족하다는 뜻이다.

수준별 수업과 복식학급의 역설

수준별 수업을 통한 획일성 탈피가 우리나라에서는 교육적인 대안으로 거론되고 있다. 하지만 이것이 과연 얼마나 올바른 것인지에 대해서는 의문이다. 하마라이넨 선생님의 교실 풍경을 보면서 드는 생각이다.

수준별 수업은 철저하게 가르치는 교사 중심의 발상이다. 한 명의 교사가 다수 학생을 대상으로 주입식 교육을 하려면 당연히 수용하는 학생의 학력층이 좁을수록 좋다. 하지만 학생이 배움의 주체가 된다면 굳이 그럴 이유가 없다. 자기 페이스대로 공부하면서 필요할 때마다 선생님의 도움을 받으면 되기 때문이다. 따라서 수준별 수업은 배움의 주체 문제와 직결된다.

수준별 수업은 배움의 주체가 학생이라고 주장하지만 결국에는 교사 중심일 수밖에 없다. 또한 효율성을 기준으로 삼을 경우에도 인식의 차이는 크게 나타난다. 수준별 수업이 교사 중심의 가르치는 효율성을 기준으로 한다면 복식수업은 학생 중심의 배우는 효율성을 기준으로 설계된 모델이다. 수준별 수업을 통해 길러진 인재와 복식수업을 통해 길러진 인재를 비교하면 과연 어떤 차이가 나타날까? 선생님의 일제수업을 잘 수용한 피동적인 모범생과 스스로 자기주도 학습을 통해 길러진 능동적인 모범생의 모습이 그려진다.

학생 개개인을 위한 교육

핀란드에서는 말로만이 아니라 현실에서 다양한 교육철학의 핵심 원칙들이 구현되고 있다. 특히 하마라이넨 선생님의 교실에서 강하게 느껴지는 것은 바로 개인의 장점을 살리는 것을 원칙으로 한다는 점이다. 단점을 고치려고 하기보다 장점을 살리는 것이 옳다는 말은 구태의연하기까지 하다. 하지만 우리 현실에서는 철저히 무시되는 말이기도 하다. 각자 자신이 잘하는 분야에서 적극성을 보일 수 있는 기회가 주어진다면 일종의 전이효과*를 기대할 수 있을 것이다.

어렵게 생각하지 않아도 된다. 한국에서는 못하는 것에 대한 압박감과 누적된 실패의 경험으로 인한 심리적 위축 현상이 광범위하게 나타난다. 굳이 잘하는 것을 찾아주지 않더라도 못하는 것을 지나치게 자극하지 않는 것만으로도 많은 기대효과가 있을 것이다.

핀란드에서는 학생 개개인이 자신의 배움을 스스로 이끌어나갈 수 있도록 온갖 배려를 한다. 반면 한국에서는 학생 스스로가 해결해야 할 과제가 너무 많다. 수업 시간표는 있지만 공부 계획표는 개인의 몫이다. 묘한 생각이 든다. 한국적인 교실 상황에서 우수한 실력을 쌓으려면 정말 만능이 되어야만 한다. 한국에서 인재로 인정받는 사람은 정말 강인한 정신력과 자기 관리 능력의 소유자라고 말할 수 있다.

소수만의 경쟁이라면 결국 한국이 핀란드를 이길 수도 있지 않을까? 아마 그럴 것이다. 한국 교육은 소수만을 위한 교육이다. 생각만 해도 소름이 돋을 일이다. 다수를 희생하면서 소수의 성공만을 위해 기능하는 교육이라니. 그런 것을 의도하는 사람들이 우리나라 교육제도를 주도하고 있다면 정말 끔찍하다는 생각이 든다.

---

*공식적인 용어는 아니다. 많은 문제를 안고 있지만 가장 쉽게 해결할 수 있는 문제를 해결함으로써 나타나는 변화가 다른 문제를 해결하는 데 토대가 된다는 의미로 이해하기 바란다. 못하는 것을 지적하기보다는 잘할 수 있는 것을 잘하도록 도운 다음에 나타나는 변화, 바로 늘어난 자신감이나 의욕을 활용하여 못하는 것도 잘하게 하는 것을 의미한다.

따로 또 같이
— 핍프리 선생님의 수업 풍경

9월 12일 화요일 핍프리Laura Pippuri 선생님이 맡고 있는 너구리 반에 들어갔다. 4, 5학년 25명으로 구성된 반이다.

의욕이 없는 아이를 어떻게 끌어들일까?

8시 15분 수업이 시작된다. 두 명이 각자 다른 교실에서 핀란드어 보충수업을 받고 있어서 늦게야 1교시 수업에 합류했다.

칠판에는 오늘 과제가 적혀 있다. "1. 과학 보고서 쓰기 2. 국어 교과서 168~171페이지를 학습한 후 175페이지의 문제 1~4번까지 풀기 (받아쓰기) 3. 수학의 소수점과 분수 4. 자신의 책 만들기. 원고 준비 끝내기."

핍프리 선생님은 노트를 나눠주면서 한 사람씩 숙제 검사를 했다. 그런데 숙제 검사를 하는 동안에도 학생들은 각자 숙제를 하고 있었다. 잘은 모르겠지만 과학과 수학 수업이 동시에 진행되고 있는 듯하다. 그것도 4, 5학년이 동시에 말이다.

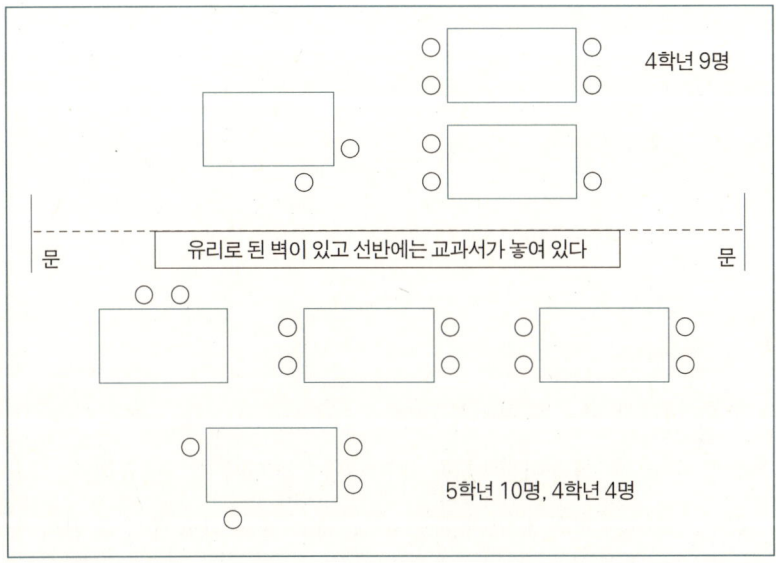

아이들은 그림처럼 앉아 있었다. 원래 직업훈련 시설이었던 곳을 그대로 쓰고 있는 것이라서 교실 크기가 작다. 그 때문에 아이들은 그룹 작업 같은 활동주의적인 학습을 하지만 말이다.

교과서는 학교에 두되 워크북은 집에 가져가서 숙제를 한다. 이 학교에서는 복식학급용의 교과서(예를 들면 《생물 5-6학년》)와 워크북을 사용하고 있다.

8시 22분 먼저 핍프리 선생님은 4학년들을 모은 다음 교구를 사용해 자릿수에 대한 설명을 한다. 그리고 개인 활동을 하게 하고는 책상 사이를 돌면서 점검한다.

학생들은 소수 0.1, 0.01, 0.001을 읽는 법을 배운다. 138페이지 그림에 있는 Ko, So, To에 해당한다. 각각의 소수는 10의 1, 100분의 1, 1000분의 1에 해당한다는 설명을 듣는다. 분수와 소수를 같이 묶어 배우는

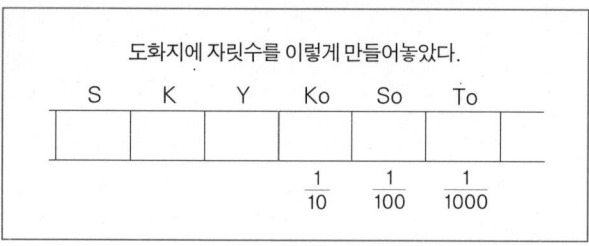

것이 중요하다.

　분수가 약한 아이는 워크북(《수학 워크북 3-4학년》)을 처음부터 다시 복습할 수 있다. 복습이 끝난 후 소수를 학습하도록 지도받는다.

　한편 5학년은 과학 보고서를 쓰고 있다. 그들은 가끔 수다를 떨다가 다시 보고서를 쓴다.

　9시 1교시와 2교시 사이에 지각생이 한 명 들어온다. 그 아이는 칠판의 과제를 보고 작업을 시작한다. 5학년쯤 되면 자신이 시간을 조절하며 공부하게 된다.

　핍프리 선생님은 5학년을 모아 설명을 시작했다. 그러나 모인 건 여덟 명뿐이다. 핍프리 선생님은 4학년에게 설명한 원리를 단시간에 요약했다. 그녀는 학생들에게 숫자를 쓰게 한 다음 읽게 하고는 다시 문자로 적어보게 했다.

　이때 조금 어른스러운 여자 아이 두 명이 핍프리 선생님 앞에 모이지 않았다. 무슨 문제가 있는 듯했다. 초등학교 고학년이 되면 하고 싶은 의욕도, 알고 싶은 의욕도 없는 아이가 생긴다. 그들은 책상에 앉아 마음대로 하고 있다. 한 명은 소수 단원이 아니라 기수 단원을 펼쳐놓고 있다. 다른 한 명은 4학년 교과서를 보고 있다.

핍프리 선생님은 모여 있는 아이들에게 설명한 뒤 그룹으로 나눠 워크북을 하게 하고는 두 아이에게 차례로 다가가서 설명을 반복한다.

9시 15분 또 다른 지각생이 등교했다. 핍프리 선생님이 그 아이를 5학년 테이블에 앉혔지만 그 아이는 4학년 워크북을 풀기 시작했다. 그 아이는 혼자서 묵묵히 공부하면서 분수부터 소수까지 한 번에 친구들의 진도를 따라잡아버렸다.

아까 선생님의 지시에도 모이지 않았던 두 명의 여학생도 각자 자기의 속도에 맞춰 공부를 시작했다. 핍프리 선생님은 결코 강요하지도, 비난하지도 않는다.

교과서는 원리를 설명하는 간단한 것이다. 워크북은 문항이 많아서 순서대로 풀다 보면 법칙을 깨닫게 된다.

9시 20분 4학년 중 진도가 빨리 나간 그룹은 과학 과제를 시작했다. 반대로 5학년 중에도 4학년용 워크북을 하는 아이도 있다.

9시 30분 4학년 중에는 계획평가장에 자신의 진도를 적고 수학 학습을 끝내는 아이도 있다. 다른 아이에게 방해가 되지 않으려고 복도에 나가서 과제를 시작하는 아이도 두 명 있다.

연필이나 지우개로 장난치면서 각자 자신의 속도에 맞춰 워크북을 풀어나간다. 앞쪽을 푸는 아이도 있고, 놀라울 정도로 앞서나간 아이도 있다. 수학을 끝내고 과학 보고서를 만드는 그룹도 있다. 그 그룹은 상당히 긴 문장을 쓰고 있다.

핍프리 선생님은 5학년에게 계산기 사용을 허락했다. 그녀는 외톨이 같은 여자 아이에게 다가가더니 그 옆에 앉아서 그림을 그리며 차분히 개별지도를 시작했다.

1 옆방과 유리창으로 나뉘어 있다.
2 "자아, 모이세요." 핍프리 선생님은 먼저 4학년에게 소수의 자릿수를 설명했다.
3 자릿수를 가르치는 교구가 참 소박하다.
4 개인 학습에 들어가자 아이 한 명 한 명의 이해도에 맞춰 복습할 페이지를 지시한다.
5 곧바로 노트에 적는 아이도 있고, 갑자기 워크북에 적는 아이도 있다.
6 해답집을 책상 위에 당당히 펴놓고 벌써 답을 맞춰본 아이도 있고
7 색깔별로 칠하는 아이도 있다.
8 이제 선생님은 5학년생에게 설명을 시작한다.
9 이런 모습으로 듣긴 하지만 생각은 열심히 하는 듯하다.

10 "어려워." "괜찮아."
11 복잡한 응용문제를 풀 때는 계산기를 사용할 수 있다.
12 수학 수업의 경우 다른 단원을 하는 아이도 있고 아예 수업을 끝낸 아이도 있다.
13 피곤해서 잠든 아이도 있고 과학 도감을 들여다보는 아이도 있다.
14 보충수업을 받느라 지각한 두 아이는 쉬는 시간에 보충지도를 받는다. 밖에 나가지 않고 계속 신문을 보는 남자 아이도 있다.
15 핍프리 선생님은 쉬는 시간에 다툰 두 명을 화해시킨다.

9시 40분 선생님이 숙제를 칠판에 적었다. "4학년은 교과서 58, 59, 80, 81페이지. 5학년은 교과서 30, 31페이지"라는 식으로. 다시 말해 지금까지 두 학년의 수학과 과학 수업이 혼합된 수업을 진행했던 것이다. 그렇다면 핍프리 선생님은 1, 2교시에 적어도 네 종류의 학습활동을 이끌며 서로 진도가 다른 아이들을 봐주고 있었던 것이다. 개별 지도라는 건 참 힘든 일이다. 두뇌 전환도 필요하고 정말 정신없을 것 같다.

9시 45분 2교시가 끝나고 30분간 쉬는 시간이다. 하지만 선생님은 늦게 온 두 학생의 보충수업을 하려는 듯하다. 학생 한 명은 놀러 나갔다가 다시 교실에 불려 들어왔다.

쉬는 시간에 공예 교사가 어떤 학생을 꾸짖으러 왔다. "어제 수업이 끝나고 남으라고 했는데 남지 않았다"는 것이다. 학생은 변명을 시작한다. 담임인 핌프리 선생님이 타이른다. "뭔가 일이 있으니까 선생님이 남으라고 했겠지. 선생님의 지시를 따르지 않으면 상황은 더 나빠지는 법이야." 무척 온화한 목소리이다. 결코 화가 나서 소리를 지르거나 강요하지 않는다.

쉬는 시간에 장난감을 가지고 놀던 두 아이가 서로 "장난감을 빼앗겼다"면서 싸우기 시작했다. 핌프리 선생님이 중재에 들어간다. 두 사람을 화해시키기 위해 끼어든 것이다. 어쨌든 그 자리에서 바로 문제를 해결하겠다는 의지가 확고하다.

교실 밖으로 놀러 가지 않고 가만히 앉아 신문을 읽는 남학생도 있다. 아이들은 참 가지각색이다. 아이들이 모두 다르다는 것은 교사도 아이의 특색에 맞춰 다양하게 반응해야 한다는 뜻이다.

계통도를 이용한 문학 수업

쉬는 시간이 끝나고 3교시가 시작된다. 자신들의 교실을 다른 반에게 비워준 너구리 반은 도서실로 간다. 10시 20분 문학 수업이 시작된다. 장기적인 테마는 '책을 만들어 발표하는 것'이다. 핌프리 선생님이 칠판에 계통도를 그렸다. 이것이 그 유명한 '핀란드식' 수업 방법으로 사실 핀란드에서는 일부 교사에 의해 사용된다.

계통도의 중심에는 "자신이 고른 책"과 "주인공"이라고 쓰고 동그라미를 쳤다. "주제", "사건", "이름", "성격" 같은 것들을 선으로 이어

1 핍프리 선생님이 계통도로 책의 구성에 대해 설명한다. "자신이 고른 책", "주인공" 같은 말들이 이어져 있다.

2 그런데 수업이 시작되었는데도 서 있는 아이들이 있는 등 분위기가 잡히지 않는다.

3 각자 책을 고른다.

4 일본에 대해 흥미를 가진 아이도 있다.

5 자연 채광으로 분위기가 좋은 공간에서 독서한다.

6 칠판에 적힌 지시 사항을 계획평가장에 쓴다.

가면서 책의 구성에서 눈을 끄는 포인트를 설명했다. 선 채로 설명을 듣는 아이들이 눈에 띈다. 13명이 테이블에 앉는 건 힘든 일이기는 하지만 "좋아하는 아이의 옆자리를 빼앗겨서 서 있다"는 아이도 있었다.

핍프리 선생님이 계통도를 설명하면서 구체적인 사례를 들기 위해 남자 아이 한 명을 지명했다. 하지만 그 아이는 "내가 읽은 책은 과학책

제2장 학력차가 있는 아이를 가르치는 유연한 방법 **145**

이어서 주인공이 없었어요"라고 대답한다. 사방에서 웃음이 터진다.

10시 30분 핍프리 선생님이 지시한다. "각자 좋아하는 책을 찾아서 어디서든 읽으세요." 적당한 책을 찾지 못한 두 아이에게는 핍프리 선생님이 추천해준다. 계속 긴 문장을 읽는 아이도 있고 가벼운 사진집을 몇 권이나 읽어치우는 아이도 있다.

10시 50분 핍프리 선생님이 아이들을 도서실로 다시 불러들인다. 책을 집중해서 읽은 아이도 있고 건성건성 쳐다만 본 아이도 있다.

10시 55분 선생님이 칠판에 적었다.

- 점심을 먹은 후 한 페이지 분량을 소리 내어 읽자.
- 학교와 집 사이에 있는 가장 마음에 드는 장소에 대해 표현하자. 보이는 것, 들리는 것 등 모든 감각을 써서 그곳을 표현하자.

아이들은 칠판에 적힌 내용을 계획평가장에 옮겨 적는다.

핍프리 선생님이 "뭔가를 적을 때는 계통도를 사용하세요"라고 충고했다. 11시에 수업은 끝났다. 아이들은 급식을 먹으러 나갔다.

지리도 과학

11시 30분 핍프리 선생님의 학급에서 4학년생은 급식을 먹고 하교한다. 5학년은 다른 교사에게 영어 수업을 받으러 갔다. 핍프리 선생님은 다른 학급의 3학년에게 과학을 가르치게 되었다.

핍프리 선생님이 과학실로 들어간다. 핀란드에서 지리는 과학의 일종이다. 외국의 교재 회사가 개발한 지도학습교구는 지도 위에 도시의

1 인체 모형으로 기관을 배우는 두 사람
2 레고를 시작한 두 사람
3 "이렇게 하면 되나?" 손끝이 신중해진다.
4 "야, 해냈어. 움직여."
5 실험 결과는 같이 있는 설명서의 설계도를 참고로 해서 노트에 정리한다.
6 외국산 지도학습교구
7 모르는 지명은 지도책의 색인에서 조사하고
8 그 위치를 지도책에서 확인한다.
9 지명이 적힌 작은 깃발을 세운다.

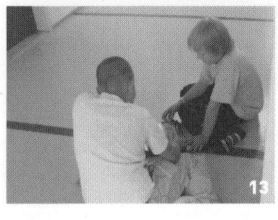

10 핍프리 선생님이 복도에서 동물 카드를 맞추는 아이들에게 다가가 질문을 한다.
11 "현미경을 들여다보니 기분이 나빠져."
12 선생님은 일찍 과제를 끝낸 아이들의 실험 노트를 검사했다.
13 레고를 다 끝낸 두 사람이 복도로 나가 동물 도감을 읽기 시작한다.

이름이 적힌 깃발을 세우는 것이다. 이 작은 깃발에는 도시의 이름이 영어로 쓰여 있어서 핍프리 선생님이 핀란드어로 다시 적었다.

"어딘지 모르겠어요." 아이가 말한다. "지도책의 색인을 찾아봐." 핍프리 선생님이 대답한다. 작은 깃발을 세운 후에는 노트에 도시 이름을 쓰는 것이 과제이다. 도시 이름을 외우는 것보다는 도시를 어떻게 찾는지를 배우는 것이 더 중요하다는 의미인 것 같다.

레고로 태엽 실험을 하는 그룹도 있다. 인체 모형으로 기관을 확인하는 그룹도 있다. 복도에 나가서 동물 카드로 사진과 이름을 조합하는 그룹도 있다. 11시 56분 학생들이 과제를 끝내고 핍프리 선생님에게 보여주러 온다. 공부가 즐거우면 만족감을 느낄 뿐 아니라 그 감정을 교사에게도 알리고 싶은 모양이다.

12시부터 12시 30분은 휴식시간이다. 휴식시간이 지난 후 아이들은 과학 수업을 계속했다. 핍프리 선생님에게 물어보니 지도학습교구는 몬테소리에서 개발한 것이라고 한다. 교구뿐만 아니라 교과서도 여러 회사의 것을 모아놓고 어떤 것이든 배울 수 있게 한다. 과학 교육은 보고 듣고 만지고 맛보고 냄새를 맡는 등 모든 감각을 사용하는 것에서부터 시작한다.

13시 핌프리 선생님은 아이들이 2교시에 작성한 실험 노트를 살펴보기 시작한다. 그 사이에도 실험은 계속되고 있다. 현미경을 들여다보던 여자 아이가 작은 도마뱀을 보면서 "기분 나빠"라고 말한다. 아이는 "무섭다, 무섭다"라고 말하면서도 계속 현미경을 들여다보고 있다.

13시 13분 아이들은 작업을 마치고 핌프리 선생님 주위에 모였다. 아직 실험을 하고 있는 아이가 한 명, 교실 밖으로 나간 아이가 두 명이었다. 핌프리 선생님은 검토한 노트에 표시를 하고 있다.

13시 17분 핌프리 선생님이 아이들과 차례대로 작별의 악수를 나눴다. 교실 밖에서 두 아이가 들어오더니 선생님과 악수한다. 13시 18분 핌프리 선생님은 악수를 끝냈다. 아주 조금 수업 시간을 넘겼다.

Commentary

핀란드 vs 대한민국

역시 핌프리 선생님의 교실도 시간표와 수업 구성이 복잡한 느낌이다. 쉽게 수업 시간표가 머릿속에 그려지지 않아 답답하기까지 하다. 반면 우리나라에서 시도되고 있는 수준별 수업은 명쾌하게 그려진다. 왜일까?

'내 안에 존재하는 획일성이 핀란드 교실에 거부감을 나타내는 것은 아닐까?'라는 생각을 해본다. 나도 모르는 사이에 내 생각을 지배하고 있는 그 무엇이 정말 중요한 교육의 핵심가치와 원칙을 훼손하고 있다면 정말 심각한 문제가 아니겠는가?

다시 긴장감을 가지고 핍프리 선생님의 진실을 보기 위해 노력한다. 시간표를 짜고 수업을 진행하는 입장에서는 매우 복잡하게 여겨질 것이다. 그러나 발상을 학생 중심으로 이동시켜 학생 개개인에게 가장 적합한 시간표라는 관점에서 핀란드 교실을 들여다보면 그 모든 것이 너무도 당연하게 여겨진다.

개인차를 존중한다

학습 의욕이 없는 아이들을 위한 노력이 너무도 진지하다. 일제수업에서는 기대할 수 없는 일들이 벌어진다. 한국에서는 문제 학생으로 치부하면 간단하게 처리될 수 있는 문제를 매우 진지하게, 가장 핵심적인 과제로 스스로 떠안고 있다. 정신교육, 체벌, 또는 학부모 소환 등의 방법을 동원해야 할 학습부진아들을 위해 온몸을 던져 노력하는 핀란드 교사들의 모습을 보면서 숙연해지기까지 한다.

함께 모아놓고 수업을 진행하지만 학생 개개인의 배움이 순조롭게 진행될 수 있도록 치밀하게 개별적인 대응을 한다. 수업에 대한 흥미와 관심의 차이를 진정으로 인정한다. 실력과 진도의 차이는 거의 문제되지 않는다. 보충수업에 대한 인식 차이도 분명하다.

우리나라는 우열을 가리는 것을 기본으로 한다. 하지만 핀란드에서는 우열이 아니라 개인차를 존중하고 어려움을 겪는 아이들에게 도움을 주겠다는 의지가 확고하다. 문제의 원인을 아이에게 돌리지 않고 아이가 의욕을 갖지 못하는 이유를 매우 실증적으로 찾아내서 해결하려는 노력을 우리도 시급히 배워야 한다.

복식학급용 교재와 같은 제도적인 뒷받침까지 생각하면 우리는 너무도 뒤처져 있다는 느낌을 지울 수 없다.

선생님의 태도

학생들에게 그 어떤 것도 강요하거나 비난하지 않는다. 지각생을 대하는 태도를 기억하자. 외톨이와 학습부진아를 대하는 태도도 눈여겨보자. 지시를 어긴 학생을 대하는 태도에서 우리는 무엇을 배워야 하나?

자기주도적인 학습 태도를 기대한다면 정말 자율권을 주어야 하는 것이 아닐까? 교사 중심의 통제를 기본으로 하면서 필요에 따라 자기주도를 요구한다면 과연 학생들은 어떤 반응을 보일까?

핀란드 교실에서는 마음이 맞는 학생끼리 그룹을 정해서 가장 좋아하는 방식으로 수업에 참여한다. '핀란드 선생님들은 천사가 아닐까?'라는 착각이 들 정도이다.

살아 있는 지식을 추구한다

죽어 있는 지식이 아니라 살아 있는 능력의 개발에 기여하는 교육이 되어야 한다. 누구도 부정할 수 없는 주장이다. 학력고사에서 수능으로 대입선발고사를 변화시키고 논술을 도입한 목적도 같은 맥락이라고 볼 수 있다.

국가 표준의 교과과정은 필수 지식을 잘 담고 있지만 그걸 그냥 이해하고 암기하는 것만으로는 얻을 것이 별로 없다. 교과과정은 가급적 활용해야 할 소재일 따름이며 소양과 컴피턴시를 키우는 것이 교육적 과제가 되어야 하는데도 현실은 많이 미흡하다.

  선생님의 지도에 따라 3년 동안 열심히 수능을 준비하면서 교과서에 실려 있는 작품은 물론이고 EBS 교재에 수록된 작품까지, 지식 차원에서는 완벽하게 무장하고 시험장에 들어가지만 작품을 어떻게 감상해야 하는지 감상 능력을 제대로 기르지 못한 학생은 당황하다 시간만 보내는 일이 허다하다.

  인터넷 강의가 대중화되면서 스타 강사들의 화려한 강의력에 많은 학생들이 감탄하고 있다. 하지만 역시 수능과는 무관한 지식 중심 교육의 한 단면에 지나지 않는다. 그 어떤 수업과도 비교되지 않을 정도로 재미있게 강의를 듣지만 과연 무엇을 얻게 되었을까? 강의를 통해 얻는 것은 분명 지식에 지나지 않는다. 수능 문제를 제대로 풀려면 강의를 듣는 것으로는 부족하다. 스스로 해보는 길밖에는……. 일제식 수업을 통해 기대할 수 있는 것은 지식의 전달 이상이 될 수 없다. 학생들 스스로 직접 참여하고 활동하는 수업을 통해서만 능력, 즉 한 번 형성되면 어느 경우에든 활용 가능한, 진정한 역량이 길러지게 된다. 우리나라식 수업이 이론이라면 핀란드식 수업은 실기에 가깝다.

수학과 과학을 동시에

  학생들의 관심을 끌고 흥미를 유발하기 위한 노력은 매우 소중하고도 절실한 과제이다. 다양한 개선이 필요하지만 우선은 일제식 수업의 함정에서 벗어나는 것이 급선무이다. 과목을 스스로 선택하게 하고 자신의 진도를 스스로 결정해서 개인적으로 선택한 방식으로 수업에 임하는 학생들의 모습을 보았다. 칠판 앞에서 열심히 설명하는 것이 교사의 역할이라고 여기는 우리의 현실에 비추어 깊이 생각해야 할 대목이다.

테마별 학습

수업 방식을 보면서 우리나라의 영재교육원이나 과학고등학교와 같은 형식의 수업을 하고 있다는 생각을 갖게 된다. 매우 무질서해 보일 수도 있지만 정말 수준 높은 교육이 핀란드의 초등학교 교실에서 보편적으로 행해지고 있다는 사실에 감탄하지 않을 수 없다.

독서지도

"각자 좋아하는 책을 찾으세요." 권장도서나 필독서가 학생들을 압박하는 우리 현실에서 반드시 명심해야 할 독서지도의 원칙을 보게 된다. 좋은 책을 추천해달라는 수많은 요구에 일관되게 해온 대답이 바로 그 말이었다.

개인의 관심과 흥미가 다르기 때문에 읽고 싶은 마음을 일으키는 책이 가장 좋은 권장도서라는 말에 수긍하는 사람이 점차 늘고 있다. 안타깝게도 획일적으로 필독서를 읽으라는 강요에 좌절한 학생이 그만큼 많다는 반증이기도 하다.

학교의 존재 이유

학교라는 제도는 왜 존재하는가? 핍프리 선생님의 수업 풍경을 감상하면서 든 생각이다. 수업 시간을 넘기는 경우도 종종 있다. 학생들의 자발적인 참여가 있기 때문이다. 수업 시간에 교실 밖으로 나간 아이들도 자유롭기만 하다. 통제의 관점에서 보면 용납하기 어려운 일들이다. 하지만 학생 자율의 관점에서 접근하면 당연한 일로 받아들일 수 있지 않을까? 학생들을 섬기는 모습을 보면서 각종 제도와 규칙들이 학생들을 압박하는 우리의 현실이 더욱 암울하게만 느껴진다.

'경계'를 만들기 때문에 차별이 생긴다
— 헤를리오 선생님의 수업 풍경

헤를리오Tiina Herlio 선생님은 6학년 담임이다. 학급에는 모두 25명의 학생이 있고, A그룹 13명, B그룹 12명으로 나뉘어 있다. 이것은 작년의 학급을 계속 유지한 것과도 관련이 있다.

나리 반의 시간표

	월	화	수	목	금
8:15-9:00	영어 1/2 (반은 영어, 나머지는 X)	공예	미술	체육	X
9:00-9:45					전교 활동
10:15-11:00	X	X	X	환경	X
11:00(점심시간) -12:30	X	X	X	환경	X
12:30-13:15	음악	X	영어 1/2 (반은 영어, 나머지는 X)	역사	X
13:15-14:00				체육 (홀수달)	

제2장 학력차가 있는 아이를 가르치는 유연한 방법　155

반의 애칭은 '나리'이다.

헤를리오 선생님은 목소리가 저음이라서 조용하다. 수업의 속도는 느리고 태평한 편이다. 교실에는 차분하게 생각하자는 지적인 분위기가 흐른다.

시간표에 적혀 있는 '영어 1/2'은 A그룹이 다른 교사에게 영어 수업을 받는 동안 B그룹은 헤를리오 선생님이 정한 수업(X표)을 받고, 다음 시간이 되면 A그룹과 B그룹이 서로 교대하는 식으로 진행된다.

종합적으로 배운다

9월 13일 수요일 헤를리오 선생님은 1, 2교시 때는 2학년 여덟 명을 상대로 과학을 가르쳤다.

8시 15분 과학실에서 수업이 시작되자 남자 아이가 작은 손전등을 흔들어댔다.

"잠깐 보여줘." 헤를리오 선생님이 그 손전등을 집어 들고는 "어머, 좋은 거네"라고 말한다. 분명히 혼날 줄 알았는지 남자 아이는 입을 다물었다.

"이건 파란색 발광다이오드라는 건데 일본인이 발명했어. 다른 손전등하고 어떤 점이 다를까?"라고 묻자 남자 아이가 "빛이 세요"라고 대답한다.

"그렇지, 빛이 파랗고 작고 강하지. 작은데 성능이 좋아. 또 손전등 있는 사람?"

여자 아이가 "저요, 여기요"라고 말하더니 가방에서 손전등을 꺼내 불을 켠다.

1 "이 파란 손전등은 말이야……."
2 "자, 시작하자."
3 높이는 84센티미터였다.
4 "잘 될까?"
5 양호교실 학생이 들어왔다.
6 그 학생은 스스로 선을 그리기 시작했다.
7 현미경을 보고는 있지만
8 이쪽이 재미있을 것 같다.
9 "이 실험은 어쩐지 어려워."

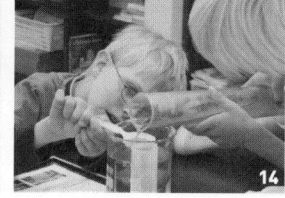

10 "정말 할 수 있을까?"
11 "감자를 넣는 거야."
12 "소금물에 넣으면 뜨는구나."
13 "조금만 더 하면 될까?"
14 "조금만 더, 살짝."
15 "어때? 잘 쓰고 있니?"
16 실험은 신중하게 하더니 노트는 좀 지저분하다.

"자아, 수업 시작한다. 이거 계속 깜빡거리게 할까, 아니면 주머니에 넣을까? 어떻게 할까?" "주머니에 넣어요"라고 남자 아이가 말한다.

헤를리오 선생님은 교양이 묻어나는 대화로 아이들의 과학적 흥미를 북돋울 뿐만 아니라 주의까지 준다. 일본인이 있는 자리에서 일본을 화제로 꺼내는 것도 아이들의 관심을 끄는 방법이다.

실험은 아이들이 두 명씩 조를 짜서 돌아가며 완성한다. 초등학교 1학년에게 실험은 어렵기 때문에 훈련을 하는 선에서 간단히 끝내는 모양이다. 하지만 2학년도 아직 조금 서툴다.

8시 40분 특별학급 보조교사가 여학생 한 명을 데려왔다. 그 아이는

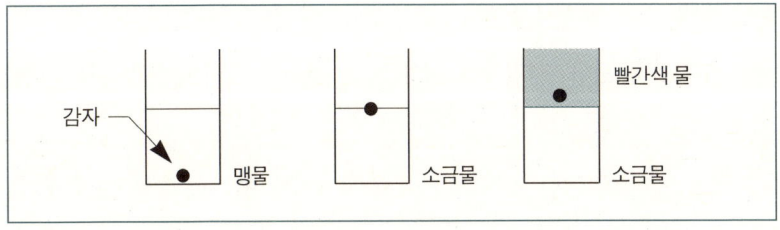

중학생 나이이다. 매주 수요일 1교시는 이렇게 학생을 특별학급에서 데려온다고 한다.

새로 들어온 아이가 잘 볼 수 있도록 초등학교 2학년생이 실험을 다시 한 번 하는 등 장애 학생과 일반 학생이 아무런 위화감 없이 공존하고 있다.

양호교실 보조교사가 말했다. "경계를 만들기 때문에 차별이 생깁니다. 아이들의 시각으로 보면 아이들 각자가 독자적으로 성장하는 것뿐인데 말이죠. 뒤떨어졌다든지 특수하다든지 하는 구별은 하지 않아요."

인간관의 근본을 뒤흔드는 철학이지만 이것이 대학에서 배우는 교육학이다. 그리고 또 이런 종합 교육이 실제로 실현되고 있는 걸 보면 이런 철학을 일종의 상식처럼 받아들이는 듯하다.

9시 쉬는 시간도 없이 2교시가 시작된다.

9시 10분 학생 하나가 실험이 잘돼서 무척 기분이 좋은 듯이 헤를리오 선생님에게 노트를 보여주러 온다. 선생님은 학생이 쓴 관찰 노트를 검사하고 사고의 발전 과정을 살펴본다. 부족하다 싶으면 "여기는 어떻게 됐니?"라고 질문을 던져 아이가 다시 관찰하게 한다.

감자 실험은 초등학교 2학년에게 쉽지 않은 것 같다. 실험 설명을 읽는 것만으로는 제대로 못하는 것을 보면 말이다. 먼저 감자를 물속에 넣으면 가라앉는다. 그다음 소금을 물에 녹이면 점차 감자가 떠오르기 시작한다.

이것은 부력에 대한 실험이다. 일본에서라면 여기서 끝날 것 같은데 실험은 좀 더 계속됐다. 따뜻한 물을 빨갛게 만들어서 그 위에 붓자 다시 감자는 빨간 물 안에 잠긴다. 하지만 감자는 어느 위치 아래로는 내려가지 않는다. 이제 실험은 소금물과 물과 감자라는, 세 대상의 관계를 파악하는 복잡한 문제로 발전한다. 부력 실험이 발전해서 비중의 개념까지 이끌어내는 것이다.

야외 수업

10시 15분 3, 4교시에 헤를리오 선생님은 자신이 담임을 맡고 있는 6학년을 데리고 학교 밖으로 나갈 계획이다. 헤를리오 선생님은 자기 집 뜰에서 딴 사과를 상자에 가득 담아 와서는 아이들에게 원하는 만큼 가져가게 했다. 사과는 일본 사과의 3분의 1 정도 크기이다.

이날은 남자 아이 여덟 명이 스포츠대회에 학교 대표로 출전했다고 한다. 러시아와 소말리아 출신의 여자 아이 두 명은 30분간의 휴식시간을 이용해서 핀란드어 보충수업을 받느라 늦게 돌아올 것이라고 한다.

10시 30분 노트와 실험 기구를 준비해서 드디어 출발한다.

10시 45분 목적지에 도착했다. 헤를리오 선생님이 과제와 규칙을 설명한다. 첫 번째 과제는 짧은 시를 짓는 것, 두 번째 과제는 네 가지 항목으로 수질 조사를 하는 것이다. 30분씩 교대로 작업을 하고 도시락은 언제 먹어도 괜찮으며 호루라기를 불면 모두 돌아와야 한다.

초등학교 6학년(일본에서는 중1에 해당)이 되면 화장을 한 아이, 따분해 하는 아이 등 여러 유형의 아이들과 만나게 된다. 그래도 수다를 떨면서도 선생님의 말은 모두 듣는다. 헤를리오 선생님은 화를 내지 않는다.

15명이 네 그룹으로 나뉘어 두 그룹씩 과제를 수행한다. 따라서 수질 조사 기구도 두 세트만 있으면 된다.

11시 러시아와 소말리아 출신의 여자 아이들이 합류한다. 늦게 와도 금세 짧은 시를 짓고 다음 과제로 들어갔다. 그런데 함께 실험을 해야 할 두 명이 숨바꼭질을 하느라 나타나지 않는다. 헤를리오 선생님이 찾자 두 아이는 놀이를 방해받았다고 불만스러워한다. 결국 실험은 보충수업을 받고 온 두 사람이 한다.

"선생님, 시 다 썼어요."

"물이 흐르는 소리를 표현했니?"

"예."

"귀에 들리는 대로 쓰지 않아도 돼."

12시 20분 점심시간. 아이들 중 절반은 12시 30분부터 영어 수업이 있어서 학교로 돌아간다.

"앉아서 글 쓰는 것이 서툰 아이 중에도 실험을 좋아하는 아이, 운동을 좋아하는 아이가 있잖아요." 헤를리오 선생님이 말한다.

"전혀 의욕이 없는 아이는 없나요?" 필자가 물었다.

"마음대로 휘젓고 다니는 아이는 있죠. 하지만 모두 뭔가 하고 싶어해요." 헤를리오 선생님이 말했다. "라틴아메리카에서 온 아이가 있어요." 선생님은 어떤 여자 아이에 대해 이야기를 시작했다. "여러 가지 가정 문제가 있어서 초등학교 3학년 때 학교에 다닐 수 없게 되었어요.

1 근처 공원에 도시락을 가지고 나간다.
2 10분만 걸으면 이렇게 자연이 펼쳐져 있다.
3 헤를리오 선생님이 수업 진행 방법을 설명한다.
4 자연과 마주한 채 '짧은 시'를 쓴다.
5 구절이 하나 떠올랐다면서 서로 읽어준다.
6 또 하나의 과제는 수질 검사이다.
7 "이 그룹은 제대로 측정하고 있나?"
8 "오리가 있네."
9 "좋아, 기록해."

10 30분 정도 지나자 과제를 교체한다. 다음 그룹이 실험 기구를 받고 수질 검사에 들어간다.
11 수온이나 오염도를 측정한다. 이 아이는 러시아계이다. 핀란드어 보충수업을 받느라 늦게 수업에 참가했다.

아주 드문 경우지요. 그래서 우리 학교가 그 아이를 맡게 되었고, 이제 그 아이는 학교에 꼬박꼬박 잘 나와요."

그 아이는 기운이 넘치는지 큰 소리를 지르며 뛰어다니고 있다. 귀에는 귀고리를 했고 유난히 눈에 띈다. 그 여학생이 "선생님, 숨바꼭질하다가 노트를 잃어버렸어요!"라고 말한다. 노트가 없으니까 시를 쓸 수 없다, 그러니 숨바꼭질이나 하면서 놀고 싶다는 이야기였다.

수업이 끝나갈 무렵 필자가 냇가에서 노트를 주워 그 아이에게 주었다. 그 아이의 친구는 "야, 고맙다고 해"라고 부추겼지만 그 아이는 쓸데없는 참견은 하지 말라는 듯 얼굴을 굳힌 채 입을 다물었다.

수학 수업만큼 진지한 종이접기 시간

12시 30분 학급의 절반은 영어 수업을 하러 갔다. 나머지 절반은 교사와 함께 천천히 학교로 돌아왔다. 12시 45분 중학교 1학년인 남학생 세 명이 찾아왔다. 남은 학생 일곱 명도 함께 수다를 떨기 시작한다.

"중학교에 가니까 어때?"
"걱정할 거 없어."

1 6학년이 되면 침착하게 이야기를 할 수가 있다.
2 오늘을 반성하는 시간인가?
3 그다음엔 뭔가 신기한 수업이 시작됐다.
4 사과를 먹으면서 숙제를 하거나 수학 답을 맞춰보거나
5 바닥에서 종이접기를 하거나
6 각자가 하고 싶은 과제를 한다.
7 숙제를 끝내면 종이접기에 참가하고
8 종이 접는 법을 정리한 카드는 헤를리오 선생님이 직접 만든 것이다.
9 기쿠카와 유키 씨까지 진지하게 종이를 접기 시작하고

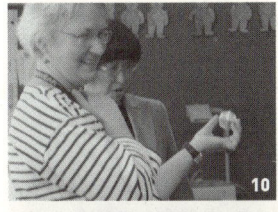  

10 "자 봐, 이런 복잡한 것도 할 수 있어."
11 "어려울 것 같은데 해보자."
12 반 전체의 종이접기 작품은 늘어간다.
13 "이런 것도 될까?"
14 "자, 다 됐다."

"하지만 어쩐지 선생님이 냉정해."

"그건 아직 익숙하지 않아서 그래."

다른 두 명은 대화에 끼어들지 않고 사과를 먹고 있고 다른 한 명은 영어 숙제를 하고 있다.

교사는 종이접기를 시작했다. 아무래도 자습시간 같다. 이 시간은 정리를 하는 시간인 듯하다. 과학 공부를 시작한 아이가 두 명 있고, 종이접기 책을 보면서 종이를 접는 아이도 있다.

13시에 중학생 세 명이 돌아간다. 숙제를 다 했는지 모두 종이접기를 한다. 종이접기에 대한 핀란드어 책도 있다. 교사는 종이 접는 법을 카드에 정리해두었다. 마치 수학 수업처럼 진지하다.

13시 15분 6교시가 시작되자 종이를 접던 아이들이 영어 수업을 받으러 갔다. 그리고 다른 학생 아홉 명이 영어 수업을 마치고 돌아왔다.

계획평가장에 표시하는 아이, 수학 답을 맞춰보는 아이, 시를 마저 쓰는 아이, 수질 검사에 대한 관찰 노트를 마저 작성하는 아이 등 각양각색이다.

칠판에 적힌 대로 수학 숙제를 마친 아이는 답을 맞추어보는 것까지 끝냈다. 이 6학년 교실에는 구구단표가 붙어 있고, 계산기도 네 대나 놓여 있다. 그리고 해답집이 5학년용 한 권, 6학년용 한 권이 놓여 있다. 자릿수를 설명하는 교구도 있다. 아이들의 추억과 함께 이 방에 계속 놓여 있는 것이겠지.

헤를리오 선생님은 혼자서만 공부하려는 여자 아이를 복잡한 종이접기에 끌어들인다. "이거 어때?"

졸업한 지 얼마 되지 않은 중학생들이 선생님을 만나러 왔다. "그 아이들도 이렇게 작았어요." 헤를리오 선생님은 사진을 보면서 웃었다.

헤를리오 선생님은 일본인이 왔다고 아주 단단히 작정한 것 같다. 통역을 해주던 기쿠카와 유키 씨까지 종이를 접는 처지가 되었다.

다 된 작품을 아이들에게 보여주며 헤를리오 선생님이 아이들을 꼬드겼다. "어때? 예쁘지. 해볼래? 나도 해보고 싶네."

"공부는 재미없어요. 밴드를 하고 싶어요." 이렇게 말하던 어른스러운 옷차림의 여자 아이 세 명도 종이접기에 말려들었다.

13시 55분 한 명, 두 명 하교 준비를 마치고 집으로 돌아간다. 헤를리오 선생님은 아이들과 작별의 악수를 하지는 않는다.

14시 수업이 끝난다. 영어 수업을 하러 갔던 6학년은 교실을 들여다보고는 선생님에게 말도 걸지 않고 하교했다.

"아까 그 중학생들이 귀여우세요?"

"그럼요. 내 아이들이었는데요." 헤를리오 선생님이 대답했다. 그리고 사진을 보여주면서 이야기를 시작했다. 교실 벽에는 지난 6년 동안 찍은 단체 사진이 붙어 있다.

"보세요, 이렇게 귀여웠어요." 선생님은 5년 전의 사진을 가리켰다. 그 세 명이 2학년이고 현재 이 학급의 아이들이 1학년일 때 찍은 사진이었다.

선생님에게 아이들의 성장은 자신의 인생과 겹쳐져 있다. 아이들에게 선생님은 자신들의 성장을 돕는 지지대였다. 이 교실을 살펴보니 그런 느낌이 들었다.

프랑스어 클럽 활동

2시에 수업이 끝나고 6학년이 하교하자 여러 학년의 여자 아이 다섯 명이 모였다. 헤를리오 선생님이 프랑스어 클럽 활동을 할 거라고 말한다. 2시 15분부터 3시 15분까지 수업을 한다. 3학년도 있다. 자매가 함께 배운다고 한다.

클럽 활동은 수업과는 별개의 업무이므로 근무시간 중이라도 교사에게는 수당이 나온다.

일반적으로 클럽 활동은 방과 후 교실 같은 곳에서 이루어지고 사회

교육으로 취급된다. 관할은 보건성이다. 교사들은 전혀 관여하지 않고 외부에서 다른 강사가 온다. 적당한 강사가 없을 경우 현직 교사가 담당하기도 한다.

아이들은 대개 하교했다가 자신이 클럽 활동을 할 장소로 이동한다.

핀란드에서는 많은 아이들이 주 2, 3회 클럽 활동을 한다. 정부 지시로 비용은 한 달에 약 14만 원 이하로 제한되어 있다.

헤를리오 선생님에게 아이들의 개성에 대해 묻자 6학년 여학생들이 밴드를 만들고 싶어 한다고 말한다. 학교에서 음악실을 빌려주는데 "공부에는 흥미를 갖지 않는다"면서 곤혹스러워한다. 그러면서도 인생의 한 시기가 지나면 해결되리라고 생각하는 것 같다. 중학교에서 음악 코스를 만드는 것도 수업 이외의 일에 흥미를 느끼는 아이들을 학교로 끌어들이기 위해서인 것 같다.

Commentary

핀란드 vs 대한민국

헤를리오 선생님의 교실에서 핀란드 교육철학의 핵심을, 우리 교육의 한계를 만난 기분이 들었다. '역시 그렇구나!' 평소 생각했던 핀란드 교육의 정체성과 핀란드의 실제가 정확하게 일치한다는 느낌에 안도감이 들었다.

우리나라의 교육과 우리나라 사람들의 의식을 지배하고 있는 힘은 과연 무엇일까? 가르치는 입장에서 늘 생각해온 것은 아닐까? 학생이나 학부모 입장이 아니라 나라와 제도 측면에서 생각해온 것은 아닐까?

현재의 공교육 불신은 바로 그런 일방적인 생각에 대한 거부감에 기인한 측면도 매우 크다. "앉아서 글 쓰는 것이 서툰 아이 중에도 실험을 좋아하는 아이, 운동을 좋아하는 아이가 있잖아요."

과연 이렇게 말할 수 있는 교사가 우리나라에는 몇 명이나 될까? 타고난 개성의 존중, 적성과 진로 개발의 중요성을 강조하면서도 실제 교육 현장에서는 오로지 성적만을 강조하면서 획일적인 줄서기를 강요하는 이율배반적인 모습을 너무도 자주 목격하게 된다.

물론 제도적인 한계가 가장 강력한 요인으로 작용하지만 그렇다고 모든 것을 제도적인 문제로 돌리는 것 또한 경계해야 한다. 소중한 한 사람과의 만남에서 과연 교사들은 어떤 태도를 취해야 하는가?

"선생님에게 아이들의 성장은 자신의 인생과 겹쳐져 있다"

가장 오래 기억하고 싶은 구절이다. 이것이 바로 그 어떤 장애, 방해, 어려움에도 교실 혁명에 나서야 할 이유가 아닐까? 이 시대의 진정한 스승이 핀란드 교실에서 배운 것을 열심히 실천하여 우리 사회가 주목할 수밖에 없는 성공 사례를 만들어낸다면, 그리고 그런 성공을 뒷받침할 제도 개선을 주장한다면 우리 교육에도 비로소 희망이 열릴 것이라 굳게 믿어본다.

인내심인가, 교육자에게 필요한 자세인가?

헤를리오 선생님에게 묻고 싶은 질문이다. 문제 학생을 대하는 태도 (야외 수업에서 놀이를 방해받았다고 불만을 쏟아내는 학생, 귀고리를 하고 자기 마음대로 행동하는 학생)는 과연 인내심의 소산인가? 헤를리오 선생님은 학생들을 전혀 통제하지 않는다. "도시락은 언제 먹어도 괜찮다." 그런 태도에서 우리는 무엇을 깨달아야 하는가? 지키지 않아도 될 규칙을 정해놓고 학생들을 범죄자가 되도록 유도하는 느낌이 들기도 한다. 한국에서는 좀처럼 기대하기 어려운 모습이다. 현상만 보고 따라하다가는 부처님 같은 마음의 소유자라도 속이 터져 죽을 지경에 이를 것이 뻔하다. 하지만 스스로 자신의 배움을 이끌어갈 수 있는 잠재력에 대한 진정한 신뢰를 보는 느낌이다.

학생 재량 수업 시간

우리나라에서 학생 재량 시간은 쉬는 시간과 점심시간밖에 없다. 야간자율학습 시간에도 감시와 통제가 따른다. 헤를리오 선생님의 교실에서는 학생 개개인에게 100퍼센트 재량권이 주어진다. 과연 어떻게 이해할 수 있을까? 이제 조금 익숙해질 때가 되지 않았을까?

학생들 스스로 자신이 주체가 되어 배움을 이끌어간다는 생각을 갖고 있으면 전혀 문제될 것이 없다. 계획평가장에 표시하는 학생, 수학 답을 맞춰보는 학생, 시를 쓰는 학생, 관찰 노트를 작성하는 학생. 한 반 학생들이 같은 수업 시간에 보여주는 다양한 모습들이다. 우리의 고정관념으로 판단하면 무질서의 극치가 아닐까? 하지만 핀란드에서는 너무도 흔한 수업 풍경이다. 그 속에 숨어 있는 진실을 알고 싶다.

장애 학생에 대한 배려

핀란드는 장애 학생 지도에 대해 명확한 원칙을 갖고 있다. 특수학교를 따로 운영하기는 하지만 극소수에 불과하며 대부분의 장애 학생이 일반 학교에 다닌다. 일반 학생들과 따로 구분하는 것을 가급적 피하면서 말로만이 아니라 현실에서도 일반 학생과 장애 학생이 거리감을 갖지 않도록 온갖 노력을 다하고 있다.

장애인들에 대한 온갖 편견과 거부감을 드러내는 우리 사회와 달리 핀란드에서는 함께 살아가는 공동체의 구성원으로 장애 학생들을 인정한다. 장애우들을 차별하면 안 된다고 말로는 떠들지만 자기 집 주변에 장애인 수용 시설이 들어서는 것에 대해서는 사생결단으로 반대하는 우리의 이중적인 모습과는 너무도 다른 모습이 어떻게 가능한지 그 단면을 보는 것 같다.

진정한 스승은 핀란드에 있었다

핀란드 교사는 문제 학생도 진지하게 대한다. 밴드를 만들고 싶다는 6학년생들에게 음악실을 빌려준다. 공부에 흥미를 갖지 못하는 아이들을 걱정하면서도 일단 그들의 요구에 귀를 기울이고 필요한 도움을 준다. 우리나라에 이런 선생님들이 많아질수록 문제 학생들은 기하급수적으로 줄어들 것이다.

독자 테마로 수업을 편성한다
―학교 전체를 포괄하는 활동

전 학년의 공통 테마는 '물'

다수의 집단학습도 중시되고 있다. 올해 전 학년의 공통 테마는 '물'이다. 이 학교에서는 '물', '불', '흙'의 세 가지 테마를 번갈아 배운다. 졸업할 때까지 한 가지 테마를 두 번 배우는 셈이다. 합동 수업도 저학년과 고학년으로 나뉘어 있다. 또 이 테마는 과학이나 사회 등 일반 교과에도 활용된다.

금요일 2교시 9시부터 9시 45분까지는 1~3학년의 합동 테마 수업인 '물'. 4~6학년은 음악 수업을 받으며 랩뮤직을 듣고 노래를 부르고 있었다. 특별학급(신체장애 학급)에서 각각 한 명씩이 특별학급 보조교사와 함께 수업에 참가하고 있다.

'물'의 합동 수업에서는 비디오를 틀어주었다. 아이들은 잡아먹을 듯이 화면을 쳐다보고 있다. '샤워를 하고 비누를 사용하면 그 물은 어디로 흘러가는가?' 하는 환경 문제를 테마로 한 애니메이션이다. 강 밑에 사는 개구리가 "우리 생각도 좀 해줘"라며 항의한다. 화면에

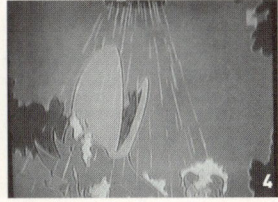
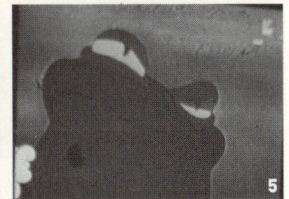

1 학교 안에는 테마를 알리는 포스터가 붙어 있다.
2 4~6학년 합동 수업인 '음악'. 자는 아이도 있다.
3 체육관에 1~3학년이 모인다.
4 환경을 생각하지 않고 헤프게 샤워를 하자.
5 강 밑에서 개구리가 화를 낸다!

"물속에는 여러 생물이 있단다"라는 글자가 뜬다. 여기서 먹이사슬이 설명된다. 강에 흘러간 물은 바다로 가거나 증발해서 구름이 된 다음 비로 내린다는 물의 순환을 설명한다.

교사들은 "비디오 수업은 너무 많은 지식을 담고 있어서 좋지 않다"는 평가를 내린다. 확실한 포인트를 알기 쉽게 짚어주는 것이 좋다는 것이다.

물이 테마가 되면 영어 시간에도 물과 관련된 노래를 부르게 한다.

컴퓨터 학습

학급마다 컴퓨터가 두 대씩 설치되어 있다. 5, 6학년이 되면 컴퓨터가 10대 정도 있는 컴퓨터실에서 아침부터 저녁까지 일주일 동안 컴퓨터를 배운다. 학급을 절반으로 나눠서 컴퓨터실에서 배운다. 이날은 일곱 명이 컴퓨터를 배우고 있었다. 산수나 영어처럼 컴퓨터를 쓰는 것이 더 효율적인 수업을 진행한다. 이런 집중 수업은 6개월에 두 번 실시된다.

컴퓨터는 정보수집과 정보처리를 위한 도구이다. 대학교의 교사양성과정에도 180학점 중 35학점이 '정보통신기술을 포함한 언어와 커뮤니케이션'에 배정되어 있을 정도이다. 교사들도 일상적으로 능숙하게 컴퓨터를 사용한다.

매주 월요일은 교원 회의, 한 달에 한 번은 교직원 회의

월요일 점심시간에는 교원 전원이 교무실에 모여서 회의를 한다. 전원이라고 해도 교장 한 명, 교사 여덟 명, 특별지원교사 한 명뿐이지만.

매월 두 번째 화요일에는 13시 30분부터 15시까지 교직원 회의가 열린다. 음식도 많이 준비하고 교사 이외의 직원들도 참가한다. 이날 교장은 없고 총무 13명이 회의에 참가한다.

먼저 문제가 있는 아이에 대해서 정보를 교환했다. 다음으로 20분 정도 이 초등학교를 취재한 BBC 방송을 시청했다. 이 프로그램은 핀란드의 비밀을 찾는 시리즈로 교육 편은 영국 교사가 핀란드의 학교교육을 소개하는 형식이다. 2007년 3월 방영 예정인 시리즈로 미리 DVD를 받았다고 한다.

"이 프로그램을 촬영할 때 손드는 것까지 이래라 저래라 해서 참 귀찮았죠." 프로그램 말미에 이런 일화도 소개된다. 프로그램은 "우리와 같은 일을 하고 있는데도 말입니다"라는 리포터의 말과 함께 끝났다.

13시 50분 다음 주 야외 수업의 준비 상황을 점검했다. 캠프를 하는 모양이다. 자연 속에서 배우는 테마를 생각하기로 했다.

다음으로 학생회 선거는 금요일을 피했으면 좋겠다는 아이들의 의견이 전달되었다. 금요일에는 시간표가 빡빡한 모양이다.

14시 모두에게 커피를 나눠주었다. 내년 봄에 실시될 5회 분량의 테마 학습(프로젝트 학습)에 대해서 국가 커리큘럼과 학내 계획을 조합하자는 제안이 있었다. 또 5회의 수업마다 외부 강사를 불러 교사 연수회를 열 계획이라는 발표도 있었다. 연수회와 관련하여 요구사항이 있는지를 묻고 곧이어 연수회 날짜를 정하기로 한다. 교사들에게 수첩을 돌려 계획이 없는 날을 표시하게 한다.

14시 15분 특별지원교사가 강사가 되어 집중력이 부족한 아이, 가만히 있지 못하는 아이에 대해 생각해보기로 했다. 유바스큐라 대학교의 교수가 쓴 ADHD(주의력결핍 과잉행동장애) 관련 논문을 근거로 특별지원교사가 해설을 했다.

집중력이 부족한 아이는 주변 아이가 보이지 않고(집중을 못하는 아이는 자신의 세계밖에 안 보인다), 들떠 있고(초등학교 3, 4학년에 많은 모양이다), 산만하다. 공부의 동기가 없다든지, 가정에 문제가 있다든지, 스트레스가 많은 것이 원인이다.

"부모와 연계한 해결법이 나와 있어서 복사했어요." 특별지원교사가 자료를 건넨다.

"내 집중력도 체크해봐야 하나?" 농담인지 진담인지 모를 이야기를 하는 교사도 있다.

교사들은 지금까지 자신이 ADHD에 대처해온 체험을 서로 나눴다. 중요한 것은 부모와 협력하는 것이라면서 결국 "부모를 끌어들이는 것이 학교의 능력"이라는 의견도 나왔다.

어떤 일을 계기로 극적으로 변한 사례가 몇 가지 소개된다.

교사 혼자서는 해결할 수 없는 문제도 있으니 고민하지 말고 특별지원교사와 상담하라는 이야기도 나왔다.

상 교원 회의. 서 있는 사람이 리스토라이넨 후스 교장
하 교직원 회의. 교사들이 디저트를 먹으면서 정보를 교환하고 공부를 한다.

"하지만 헬싱키 시교육위원회는 ADHD 진단만 해주고 해결은 학교에서 하라잖아요. 밖에 맡겨둘 수 없기 때문에 이렇게 함께 얘기할 수밖에 없는 거죠."

"작년에는 우리 학생 세 명이 진단을 받았어요. 그런데도 그 결과는 프라이버시라며 학교에 알려주지 않았죠. 결국 따로 진단을 해서 특별지원수업을 받게 했어요. 진단 결과는 공유했으면 좋겠어요."

"나쁜 짓을 한 아이는 부모에게 알려야 하는데 담임선생님을 통해야 할까요?" 공예 교사가 물었다.

"무슨 일이 일어났는지 담임에게 사후통보하면 직접 부모와 접촉해도 되지 않을까요?"

15시 15분 교직원 회의가 끝났다.

전문성을 살리는 특별지원교육

교원자격증은 보통학급용으로 학급담임면허(초등학교), 교과면허(중·고교), 특별지원교사면허, 양호교사면허로 나뉘어 있다. 이 면허를 따려면 대학원 석사 과정까지 밟아야 한다.

보통학급의 보충수업은 담임을 맡지 않은 교과교사가 맡는다. 예를 들면 장기 결석한 아이에게 특별지원수업을 하는 경우 그 수업은 담당교사나 보통학급 보조교사가 맡는다. 선임교사가 보충수업을 하는 경우에는 근무시간 중이라도 초과근무로 취급해서 수당이 나온다. 보통학급 보조교사의 경우 대학에서 주로 심리학 위주로 구성된 6개월짜리 코스를 이수하면 자격을 딸 수 있다.

뒤처지는 아이가 있으면 담임을 맡지 않은 교과교사가 담당한다. 그래도 부족한 경우에는 보통학급 보조교사를 붙여 보충수업을 받게 한다. 보통학급 보조교사는 수업 중에 특정 아이들에게 붙어서 학력을 끌어올리기도 하고, 따로 몇 명의 아이만 모아서 수업을 하기도 하며, 수업 후에 따로 공부를 시키기도 한다. 추출수업은 특별학급을 편성하는 것이 아니라 수업 중에 따로 아이들을 모아 가볍게 끝내기도 한다.

특별학급을 편성하는 경우 대상 과목은 수학과 어학(핀란드어, 영어 등)일 때가 많다. 언어나 숫자 인식에 문제가 있는 아이들의 뒤처진 학력을 끌어올려주는 것이다. 특별학급의 편성은 고정된 것이 아니고 수업 시간 역시 그때그때 정해진다..

아이가 장기적으로 공부와 친해지지 않거나 다른 아이들보다 진도가 현저히 느리면 정신적, 심리적 원인이 있다고 보고 특별지원교사가 개입한다. 맡아야 할 아이들의 수가 늘어나면 보통학급 보조교사가 돕는다. 특별지원교사가 담당하는 과목은 대개 교과의 기본이 되는 핀란드어(국어에 해당함)와 수학이다. 결국 계산을 잘못하거나 글자를 잘못 읽거나 제2언어로서 핀란드어에 대한 기반이 부족할 경우 특별한 심리적 지원을 하게 된다.

몇 점 이하가 특별지원을 받을지 정해진 기준은 없다. 오히려 학습장애아의 경우 개개의 학습이 가능하고 때로는 시험 점수가 평균 이상으로 나올 때도 있다. 교과 공부는 보통 이상이지만 그걸 지속하지 못한다거나 타인과 협조하지 못하는 아이가 특별지원을 받는다. 말하자면 특별지원교사는 공부를 못하는 아이가 아니라 학습 스타일이 다른 아이를 돕는다.

특별지원교사가 되려면 대학에서 특수교육과정을 밟거나 대학원에서 1년 코스를 수료하고 정해진 학점을 따야 한다.

특별지원교사는 도와야 할 아이가 다섯 명 정도면 특별학급을 만들기도 한다. 별문제가 없으면 대개 일반학급과 통합하고 특별지원교사가 지원한다. 특별지원교사는 학급 담임에게 상담도 해주고, 교육에 대한 고민을 함께 한다. 다시 말해 일반 교사의 카운슬러 역할도 하는 것이다.

핀란드에서는 일반 학생에 대한 보충수업도, 학습장애아에 대한 지원도 모두 특별지원이라고 부르기 때문에 이해하기가 좀 복잡하다. 통계에 따르면 핀란드에서는 초등학교 1학년생의 37퍼센트가 특별지원교육을 받고 있다고 한다. 그러나 학년이 올라가면 그 비율이 떨어져서 초등학교 6학년생은 15퍼센트가 특별지원교육을 받는다. 중학생이 되면 이 비율은 20퍼센트로 높아진다. 스스로 배울 수 있도록 최대한 빨리 도움을 주고, 중학생이 된 후에도 공부가 어려워지면 다시 한 번 지원을 하는 것이다.

신체적인 문제 때문에 특별한 교육이 필요한 아이는 양호교사가 맡는다. 아이들의 수가 많으면 특별학급 보조교사가 붙는다. 정부는 가능하면 양호학교를 특별학급으로 분해해서 지역학교에 설치하려 한다.

특별한 도움이 필요하다는 판정이 나면 양호교사나 특별지원교사가 그 아이가 다니는 학교에 배치된다. 교육과정도 국가 커리큘럼에서 분리되어 독자적으로 구성된다. 이런 경우 대개 아이 한 명에 한 명의 양호교사 내지는 양호교실 보조교사가 붙는다.

주도적 활동—프레네 학교만의 자주적인 사회활동

매주 금요일 2교시와 3교시 사이의 쉬는 시간(9시 45분~10시 15분)에는 교직원들이 폐지를 모은다. 각 교실에서는 폐지를 폐지 상자에 버린다. 아이들 네 명이 교사를 돕는다.

1교시가 끝나자 후스카 선생님이 2학년 중에서 네 명을 뽑았다. 뽑힌 여자 아이는 "와" 하고 기뻐한다.

  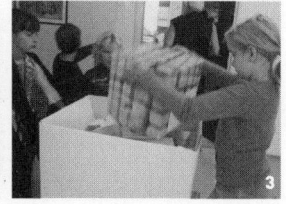

1 종이류는 재활용하기 쉽게 다른 상자에 넣는다.
2 폐지를 모으고 있는 교직원과 아이들. 왼쪽은 후스카 선생님이다.
3 교실 여기저기에서 폐지를 모으는 아이와 수레를 미는 아이. 모두 2학년이다.

"뭐 생기는 거라도 있어?" 남자 아이가 묻는다.

"다른 사람들을 위해서 하는 일이니까 다른 사람들이 기뻐하는 게 대가야." 선생님이 대답한다.

강제적인 활동은 아니다. 다른 주도적 활동에 대해서는 안타깝지만 물어볼 여유가 없었다.

소수자를 배려한 급식

핀란드는 급식이 잘되어 있다. 대개 시에서 통일 메뉴를 만들어서 일괄 구입하고 학교에서 조리한다. 시에 따라서는 급식 센터에서 조리하고 학교에서는 그걸 데우기만 하는 경우도 있다.

급식은 교실에서 먹지 않고 급식실에서 먹는다. 전교생이 한꺼번에 먹을 수 없기 때문에 학년별로 시간을 나눠서 먹는다.

뷔페식으로 학생은 원하는 만큼 가져간다. 그러다가 중간에 음식이 떨어지는 게 아닌가 걱정될 정도이다. 실제로 아이들의 식욕이 왕성한 중학교에서는 음식이 떨어지는 일도 있다고 한다. 급하게 건빵과 매쉬 포테이토를 내놓아도 아이들은 불평만 할 뿐 소란을 피우지는 않는다고 한다.

초등학교에서는 쌓인 접시에 음식 이름을 적은 종이를 붙여놓아 언제 어디서라도 공부하게 한다. 이민 아동에 대한 배려일지 모른다. 이슬람교도를 배려한 고기 요리도 있다. 채식주의자를 위해 고기를 쓰지 않은 요리도 있다.

1 급식실에 교사와 학생이 모인다.

2 먼저 먹고 싶은 것을 접시에 담는다.

3 돼지고기는 사용하지 않았다는 표시.

4 건빵에 버터를 발라서 "자, 먹읍시다."

5 밥도 자주 나오는 음식이다.

6 초등학교에서 걸어서 5분 거리에 학동보육센터가 있다.

7 안에 들어가자 자연 지형을 살린 놀이터가 나타난다.

8 "자아, 간식이야."

9 4시 전인데 아이를 데리러 온 엄마나 아빠가 놀이가 끝나기를 기다린다.

10 아이는 좀처럼 집에 가려고 하지 않는다.
11 학동보육센터는 부모들이 정보를 교환하는 장이기도 하다. 클럽이나 문화 활동에 대한 홍보물들이다.

학동보육

초등학교에서 5분 정도 걸어가면 그 지역의 학동보육센터가 있다. 저학년은 방과 후 바로 그곳으로 간다. 고학년은 일단 집에 갔다가 학교 등에서 실시되는 클럽 활동에 참가한다. 학동보육센터에서 클럽 활동을 하는 아이도 있다.

학동보육은 보건성 관할이지만 보육의무가 있는 지방자치단체가 대신 실시한다. 대상 아동들에게 간식은 무료로 제공되지만 식사는 유료이다.

자치단체가 보육의무를 지지 않는 고학년들은 학동보육센터에서 놀수는 있어도 간식은 없다.

Commentary

핀란드 vs 대한민국

공통의 테마

학교별로 테마를 정해 교실과 현실의 거리를 좁히기 위한 노력을 적극 검토해야 한다. 학교 수업이 비현실적이라는 지적을 받고 있는 것이 사실이다. 특히 사회 과목의 경우 대부분의 학생들이 교과 내용을 옛날이야기로만 생각한다. 수업 현장에 현실감을 불어넣어주는 것은 수업에 대한 학생들의 관심과 참여 유발에 매우 중요하다.

컴퓨터는 배움과 소통의 수단

학생들에게 도구로서 컴퓨터의 긍정적인 역할을 가급적 많이 경험하게 하는 것이 매우 중요하다. 놀이 도구가 아니라 배움과 소통의 수단이라는 인식을 자연스럽게 강화시키기 위한 노력은 우리에게도 매우 절실한 과제이다.

교직원 회의

학생들의 의견을 반영하는 모습이 인상적이다. 교사 연수도 자율적으로 진행된다는 사실을 새삼 확인할 수 있다. 학부모와의 협력을 논의하는 모습은 아름답기까지 하다. 진정한 토론과 문제 해결을 위한 진지한 모색은 없고 지시와 명령 그리고 설득만이 난무하는 우리 학교 현장과는 너무도 다르다. 마치 대가족의 가족회의 같은 인상을 받게 된다.

특별지원교육

'한 명의 낙오자도 용납하지 않겠다'는 정신의 철저한 실천인 동시에 적절한 역할 분담을 통해 일반 교사의 부담을 덜어주는 이중효과가 기대된다. '문제가 있다'거나 '공부를 못한다'가 아니라 철저하게 다름을 인정하고 존중하는 모습을 확인할 수 있다.

자주적인 사회 활동

사회 지도층 인사들의 도덕적 불감증이 떠오른다. 오직 공부만 잘해서 출세한 사람들에게 도덕성을 기대하는 것이 가당키나 한 일일까? 갑자기 회의가 든다. 학교 현장에서 건강한 사회구성원으로서 성장하는 데 필요한 경험을 제공하는 핀란드와 오직 생존경쟁에 필요한 경험을 강요하는 모습이 대비되면서 암울하기까지 하다. "다른 사람이 기뻐하는 게 대가야." 이런 얘기를 듣고 성장한 학생들이 우리나라에는 과연 몇 명이나 될까?

급식

너무도 우리나라가 초라하게 느껴지는 대목이다. 종교의 차이까지도 배려하는 식단을 보면서 학교 급식마저 의견 일치를 보이지 못하는 우리 현실이 부끄럽고 안타까울 따름이다. 자기 자녀만큼은 특별하게 키우고 싶다는 학부모들에게나 기대할 수 있는 정성을 교사들에게서 엿보며 다시 한 번 숙연한 마음을 갖는다.

핀란드 국가교육위원회가 주최하는

세미나에 참가한 필자는

근처 프리 초등학교의 수업을 참관했다.

학교 건물은 1923년에 지은

낡은 2층짜리 목조 건물이다.

복식학급으로 1, 2학년은 17명,

3, 4학년은 20명,

5, 6학년은 23명의 소규모 학교이다.

핀란드의 초등학교 중 절반가량은

이런 학교라고 한다.

핀란드의 작고 평범한 프리 초등학교를 소개한다.

제3장

지역사회에 없어서는 안 되는 학교

― 뽀리 초등학교의 경우

택시로 등교하는 아이들

프리 초등학교처럼 작은 시골 학교가 도시의 대규모 학교보다 오히려 돈이 더 든다. 작년부터 합리화 정책에 따라 한 명의 교장이 세 개 학교를 관리한다. 그렇지만 교사는 좀 더 확보해서 작은 학교를 유지하고 있다.

대개 아이들은 집이 멀어서 택시로 등하교한다. 이를 위해 택시회사와 계약을 맺고 5~6명의 아이가 함께 택시를 탄다. 또 하교할 때는 택시가 학생의 집에 내려주기도 하고 학생이 클럽 활동을 하는 곳에 내려주기도 한다. 클럽 활동 후에는 택시가 아니라 부모가 데리러 간다. 학교에서 15~20킬로미터 떨어진 곳에 사는 아이가 가장 멀리 사는 셈이다.

50명의 학생 중 특별한 보살핌을 필요로 하는 두 명은 개별적인 특별학습계획에 따라 공부한다. 그보다 중증의 장애를 가진 아이는 도시의 양호학교에 다닌다.

복식학급의 경우 수학과 핀란드어와 영어는 학년대로 수업을 진행

1 2층에 교실이 세 개 있는 농촌 학교.
2 교정은 너비와 폭이 각각 20미터, 25미터 정도로 경사가 지고 얼음이 얼어 있다.
3 교정 끝에는 체육관이 있다.

한다. 학교 측의 설명으로는 이런 교과목은 5, 6명의 소그룹으로 배우는 방식이 효과가 높다고 한다. 그 외 과목, 즉 환경(생물), 종교, 역사, 음악, 공예, 미술, 체육은 두 학년이 2년 동안 함께 진도를 나가는 커리큘럼으로 구성되어 있다.

교장의 설명에 따르면 이 학교의 교육방침은 "행동으로 배운다 learning by doing"이다.

성적표는 1년에 두 번 나간다. 1, 2학년은 서술 평가이다. 3, 4학년은 수학, 핀란드어, 영어로 평점을 낸다. 5, 6학년은 전 과목에서 평점을 낸다.

등교 거부는 없는지 물어보자 초등학생 중에는 없다는 대답이 나왔다. 그러나 중학생이 되면 문제가 생긴다고 한다.

급식은 시의 급식 센터에서 만든 것을 학교에서 데워서 준다.

그리고 사진(189페이지)에서 보는 것처럼 운동장은 좁다. 그래도 얼어붙은 얼음 위에서 아이들은 잘도 뛰어논다. 운동장 저편에는 체육관이 있지만 겨울 스포츠는 운동장에서 한다. 체육관은 방과 후 클럽 활동을 하는 아이들이 사용하고, 저녁에는 지역사회의 청장년층이 사용한다. 학교는 지역사회에 없어서는 안 되는 존재이다.

Commentary

핀란드 vs 대한민국

교과과정의 편성과 운영에서의 자율성을 여실히 확인할 수 있다. 또한 행동으로 배운다는 교육방침은 정말 매력적이다. 가만히 앉아서 선생님의 수업에 귀를 기울여야 하는 한국의 학생들이 불쌍하게 느껴진다. 등하교 문제까지 세심하게 배려하는 모습을 보면서 핀란드 교육의 성공, 학교교육을 통한 학부모와 학생의 욕구 충족을 생각해보게 된다. 작지만 세심한 배려가 없으면 신뢰 회복은 결코 쉽지 않을 것 같다는 교훈을 되새겨본다.

혹시 오해가 생길까 봐 덧붙인다. 5, 6학년을 대상으로 평점을 매기지만 등수를 매기지는 않는다. 핀란드에서는 아예 시험을 보지 않는 것으로 생각할 수 있는데 그렇지 않다. 성적을 매기고 등수를 정하지 않는다는 의미로 해석하는 것이 보다 정확할 것이다.

잘하는 애는 그냥 둔다
―토르켈 선생님의 수업 풍경

    토르켈 선생님Tiina Torkkel은 나이가 조금 있는 분으로 전후 베이비붐 세대와 비슷한 연배이다. 필자는 3, 4학년의 수학 수업을 참관했다. 3학년은 일곱 명(남 2명, 여 5명), 4학년은 열 명(남 3명, 여 7명)이다. 교탁 가까이에 3학년 한 명과 4학년 두 명이 책상을 붙이고 앉아 있는 것이 신기하다. 특별히 지도해야 하는 학생들인가?

    먼저 토르켈 선생님이 3학년에게 조금 설명을 한 후 각자 개인 학습에 들어갔다. 그 사이에 토르켈 선생님은 3학년의 머리 너머로 4학년에게 분수 덧셈을 설명한다. 각자가 교과서를 펴고 기본문제를 푼다. 다음에 각자 학습에 들어가고 선생님이 책상 사이를 돌아다닌다.

    필자는 3학년생들이 펼쳐놓은 교과서의 페이지를 보고 깜짝 놀랐다. 그림(192페이지)과 같이 각자 다른 페이지를 펴고 있었기 때문이다. 나중에 같은 교과서를 구해서 대조해보았다. 이 반의 3학년들은 다음과 같이 나뉘어 있었다. 118~119, 120~121페이지를 보는 아이는 단원1의 응용문제, 128~129, 130~131, 132~133, 134~135페이지를

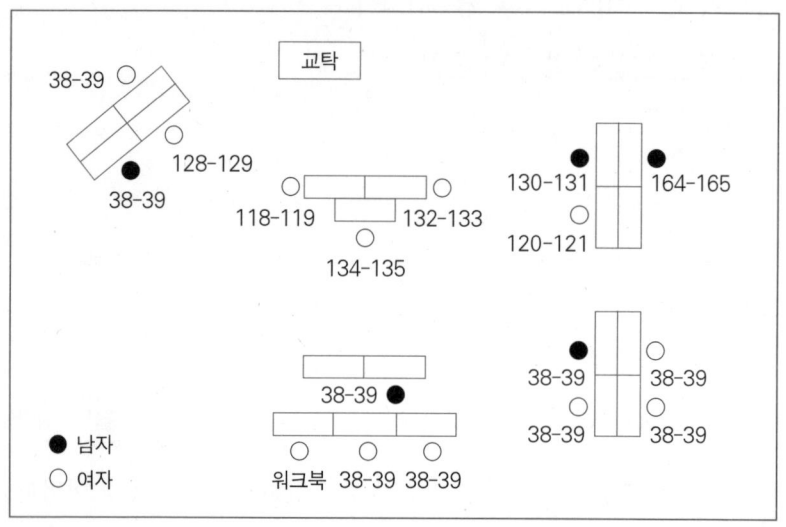

보는 아이는 단원2의 응용문제, 164~165페이지를 보는 아이는 단원1의 발전문제를 풀고 있었다. 놀랍게도 3학년들은 지난주에 단원2를 배웠다고 한다.

이날 토르켈 선생님은 3학년들을 거의 점검하지 않았고 대신 4학년들의 책상을 주의 깊게 돌면서 각 학생의 진도를 확인했다. 이번 주는 4학년을 중심으로 가르치는 듯했다.

4학년은 교과서 38~39페이지를 펼치고 있다. 도입부에 해당하는 페이지이다. 새로운 단원이고, 아직 아이들끼리 진도 차이는 벌어지지 않은 것 같다. 한 아이가 먼저 교과서의 과제를 마치고 워크북을 풀기 시작했다. 토르켈 선생님은 꽤 시간을 들여 그 아이의 노트를 검사하더니 그 아이의 학습 속도에 맞는 별도의 지시를 내렸다.

한 아이는 의욕이 없어 보였다. 그 아이는 그다지 표정도 없이 가만히 있었다. 토르켈 선생님이 그 아이 옆에 앉아서 정성껏 가르치기 시작했다.

선생님이 개별지도를 하는 동안 3학년도, 4학년도 서로 모르는 부분을 가르쳐주면서 자신의 답을 해답집과 맞춰본다. 해답집은 교과서회사가 교과서와 같은 형태로 정답에 빨간 글씨로 표시만 해서 시판하고 있다. 이 해답집이 교실 여기저기에 펼쳐져 있어서 아이 혼자 답을 맞춰볼 수 있다.

핀란드의 학교에서는 커닝을 하려고만 마음먹으면 얼마든지 할 수 있다. 그러나 아무도 커닝을 하지 않았다. 선생님이 책상 사이를 돌면서 잘못을 지적했을 때 스스로 고치지 못하는 아이가 있으면 천천히 원리부터 가르친다.

이 학교에서 수학은 기본적으로 교과서를 쓰고 진도에 따라 워크북을 복사해 나눠주었다. 워크북을 마친 아이는 스스로 답을 맞춰보고 진도를 나갔다.

"핀란드의 교육은 잘못하는 아이를 끌어올리는 데 주력하고, 잘하는 아이는 가만히 놔둡니다. 잘하니까요." 핀란드 사람들이 자주 하는 말이다.

Commentary

핀란드 vs 대한민국

선생님의 지도에 따라 스스로 공부하는 모습을 토르켈 선생님의 수업에서도 충분히 확인할 수 있다.

자신의 진도는 스스로 관리한다

우리나라에서는 수업 내용이 쉽거나 어려우면 학생들이 수업에 참여하지 않는 것이 일반적인데 핀란드에서는 전혀 그런 걱정을 하지 않아도 된다. "잘하는 아이는 가만히 놔둡니다. 잘하니까요." 이 말은 오해의 여지가 있다. 특히 우리나라 선생님이 그런 말을 했다면 적잖은 파장을 일으킬 것이 확실하다. 잘하는 아이들은 그냥 방치한다는 뉘앙스를 풍기기 때문이다.

하지만 전혀 걱정하지 않아도 된다. 스스로 자신의 배움을 주도하기 때문에 오히려 잘하는 학생 입장에서도 실보다 득이 많다. 시험 성적으로 등수를 매기면 자신의 학업성취도를 시험 성적으로 판단하게 된다. 그 결과 성적이 우수한 학생이 자신의 수준에 맞는 공부를 더 하기 위해서는 사교육을 받는 방법 외에 뾰족한 대안이 없다. 하지만 핀란드에서는 배우고 싶은 것이 있으면 아무런 제한 없이 수업 시간에 스스로 공부할 수 있는 여건이 보장되어 있다. 어느 수준까지는 교재도 준비되어 있다.

자율적인 협동 학습

수준별 수업의 필요성에 대해 한 번 더 정리한다. 획일적인 기준을 적용해서 수준을 나누고 수업 내용을 달리하는 방식과 비교해보면 핀란드 방식은 훨씬 진화된 개인별 맞춤형 수업이다.

서로가 서로를 도우면서 공부한다는 것의 의미를 다른 각도에서 강조하고 싶다. 자신이 아는 것을 표현하는 것은 매우 뛰어난 학습 효과를 보장한다. 상호작용을 통해 개념적인 지식은 정교해지고 사고하는 소양은 깊어질 수 있다.

수업과 자습의 통합

선생님의 수업을 수동적으로 받아들이는 수업이 아니기에 탁월한 학습 효과를 기대할 수 있다. 수업과 자습이 자연스럽게 연결된다. 만약 수업 시간에 선생님이 설명하는 내용만을 비교해보면 우리나라가 월등히 앞설 것으로 예상된다. 하지만 학생들의 배움이라는 기준으로 바라보면 완전히 역전된다. 자습을 하지 않아 수업 효과가 소멸되는 우리 현실에 매우 중요한 시사점이다.

선생님의 수업 내용은 훨씬 풍부하고 양질일 수 있지만 학생의 실력은 그에 미치지 못하는 이유를 분명히 알아야 한다. 공부의 완성은 수업만으로는 불가능하다. 핀란드와 같이 예습과 수업 그리고 복습이 수업 시간 중에 자연스럽게 이뤄진다면 비록 선생님 주도의 진도와 수업 내용은 뒤져도 교육적인 효과는 훨씬 앞서게 될 것이 분명하다.

혼자 집에 가서 따로 공부하지 않아도 수업에 충실히 참여하면 기본적인 실력을 탄탄하게 다질 수 있다는 점에서 핀란드가 성공한 현실적인 이유를 하나 정리해볼 수 있지 않을까? 학교를 벗어나서도 스스로 공부하는 소수의 학생들에게 유리한 교육이 우리나라라면 핀란드는 수업에 참여하는 모든 학생들에게 유리한 교육이라는 생각이 든다.

구체적인 것에서 추상적인 것을 배우는 핀란드의 교과서

학년이 올라가도 연속성이 있다

핀란드의 교육은 배움 그 자체가 재미있고 생활에서 응용할 수 있게 되어 있다. 교사는 공부가 인생에 도움이 된다고 이야기하고, 교과서에도 그렇게 쓰여 있다.

프리 초등학교에서 아이들이 3학년 후반에 사용하는 수학 교과서(WSOY출판사)를 소개한다.

교과서는 다섯 단원으로 나뉘어 있고 각각의 단원은 4단계로 구성되어 있다. 단원은 사칙연산(세 자리의 정수·소수), 분수와 자릿수(돈과 면적 계산), 사칙연산(네 자리의 정수, 분수·소수 비교), 단위(시간, 길이, 무게, 면적), 사칙연산(정수, 분수, 서로 다른 단위)으로 짜여 있다. 핀란드의 교과서는 스파이럴 방식*으로 배운 것을 응용하고 몇 번이고 반복하게

---

* 우리 말로 그대로 옮기면 나선형 방식이 된다. 한 번 진도를 나가면 그것으로 끝나는 것이 아니라 일정한 시간 간격을 두고 연관성이 있는 단원을 공부할 때 자연스럽게 반복 학습을 하게 한다는 의미이다.

1 교사가 4학년을 대상으로 설명하다. 교실 앞쪽에 있는 3학년은 개인 학습을 하고 있다.
2 교사가 직접 만든 OHP 시트. 분수의 덧셈.
3 교사가 설명할 때는 교과서를 펴지 않고 교사의 질문에 집중한다.
4 교사와의 거리는 제법 멀지만 모두 열심히 수업을 듣고 있다.
5 그 사이에 3학년은 자기 페이스대로 문제를 푼다.
6 스스로 학습한다는 점이 좋다. 책상은 소박하지만.
7 여기저기에 해답집이 놓여 있다. 각자 답을 맞춰본다.
8 3학년이 과제의 답을 맞춰본다. 진도가 빠른 아이는 훨씬 뒤쪽 페이지를 보고 있다.
9 교사는 4학년 한 명을 상대로 진도를 점검한다.

10 질문이 있는 아이는 "오페타야(선생님)"라든지 "오페"라고 부르며 손을 들고 기다린다.
11 의욕이 없는 아이는 차분하게 지도한다.
12 교사가 지우개로 지워줄 정도이다.
13 진도가 빠른 아이에게는 다음 과제를 낸다.
14 진도가 빠른 아이는 워크북 해답집을 펼쳐 답을 맞춰본다.
15 5, 6학년 수학 수업. 교사의 존재감이 강하게 느껴진다.
16 아이들은 하품도 하고 수다도 떤다. 하지만 모두 수업에 참가하고 있다.
17 쉬는 시간에는 밖에 나가 얼음 위에서 뛰어논다. 소박하다.
18 통나무 하나를 쓰러뜨려 놀고 있다.

한다. 그리고 학년이 올라가면 또 비슷한 시기에 비슷한 테마를 다루도록 짜여졌다. 다시 말해 학습이 계속 이어지게 함으로써 그다지 격차를 느끼지 못하고 유연하게 배우게 한다.

각 단원은 도입부(녹색 페이지)와 기초문제(노란 페이지)로 구성되어 있고, 3학년 후반기의 수학 교과서는 총 116페이지에 걸쳐 도입부와 기초문제가 소개되어 있다. 그다음 응용문제(파란 페이지)가 총 48페이지, 발전문제(빨간 페이지)가 총 24페이지에 걸쳐 나온다. 한마디로 도입부와 기초문제는 차분하게 교사가 설명하고 모든 아이가 반드시 학습해야 하지만 응용문제와 발전문제는 개인 학습으로 능력에 따라 해도 되고 하지 않아도 된다. 응용문제와 발전문제 페이지에는 관련된 도입부나 기초문제의 페이지가 표시되어 있다. 따라서 학생이 혼자서 진도를 나갈 수 있다. 대개의 아이들은 응용문제까지 푸는 듯했다.

진도는 같은 연령의 일본 아이들(4학년)과 비교하면 느슨하다.

분수 단원의 도입부(200페이지 그림 1)에는 피자를 굽는 장면이 나온다. "맛있어 보인다"는 대목부터 이야기가 시작된다. 이 페이지에서는 전체를 몇 개로 잘랐는가(나눴는가)라는 질문이 핵심이다. 여기서 여러 도형을 2, 3, 4, 6, 8등분하는 법을 배우면 그다음에는 분수 읽는 법과 그림 해설과 숫자 표기를 함께 묶어 배우게 된다(그림 2). 그다음에는 깃발의 색깔을 보면서 "빨간색이 3분의 1인 깃발은 어느 것인가?" 따위의 기초 문제를 푼다(그림 3).

응용문제로 들어가면 2분의 1은 U, 3분의 1은 L, 4분의 1은 N이라는 문자로 바꿔 빈칸에 순서대로 넣게 한 다음 어떤 단어가 만들어지는지 맞히는 게임(그림 4)도 푼다.

분수를 부채꼴의 각도나 면적으로 나타내면 시간의 계산에도 응용할 수 있다(그림 4, 그림 6). 교과서는 이런 일관성을 가지고 있다. 또 항

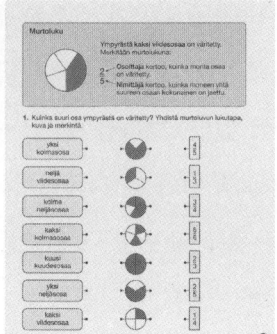
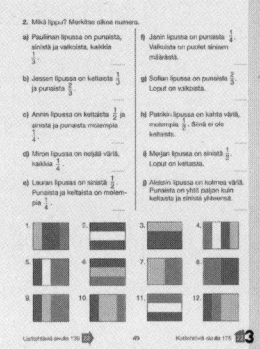
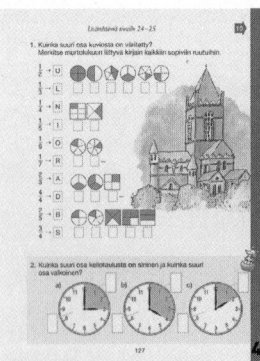
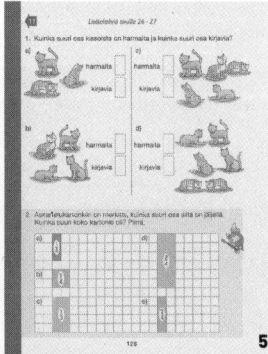
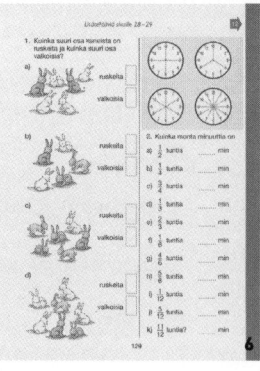
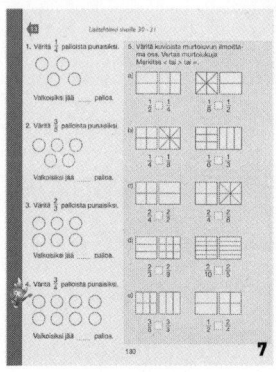
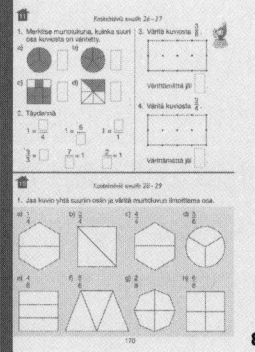

1 단원의 도입부
2 단원의 도입부
3 기초문제
4 응용문제
5 응용문제(해답집)
6 응용문제
7 응용문제
8 발전문제

상 전체(비교되는 양) 그림을 보여주면서 질문을 만들어간다. 검은 고양이가 5분의 2라고 대답하면 끝나는 게 아니라 남은 얼룩 고양이는 5분의 3이라고 대답해야 한다. 그렇게 고양이들을 다 합하면 5분의 5가 된다는 것을 의식하면서 배워가는 것이다. 검은 고양이가 6분의 3, 얼룩 고양이가 6분의 3인 질문도 마찬가지인데 이때는 답을 2분의 1로 약분해도 맞다. 여기까지 이해한 아이는 정해진 학년별 진도를 넘어서는 것도 허용된다. 잘 몰라도 괜찮다. 정답은 하나가 아니다. 그 아이가 이해한 수준에 따라 여러 답이 가능하다. 해답집에도 그렇게 씌어 있다(그림 5).

"4분의 3의 ○에 색을 칠하세요. 남은 것은 몇 개일까요(그림 7)." 이 질문도 전체(비교 대상이 되는 양)를 인식시키는 데 유용하다. 분수를 배울 때 전체를 의식하고 있으면 통분을 이해하기가 쉬워진다. 많은 일본 아이들이 통분을 힘들어하고 분수의 덧셈과 뺄셈을 어려워하는 것을 생각하면 핀란드에서는 꽤 좋은 교수법을 쓰는 것 같다.

발전문제에서는 약분을 생각하게 한다(그림 8). 다만 이날 이 교실에서는 거기까지 나가는 아이가 없었다. 이것이 초등학교 3학년의 교과서와 수업이다.

일본에 비해 숫자만 쓰는 계산 문제는 적고, 아이들을 갑자기 추상의 세계로 이끌지도 않는다. 시각에 호소하는 반추상물(각도, 면적)을 사용하여 천천히 배우게 한다.

이에 비해 일본의 수업은 마치 운전면허학원에서 레이싱카를 몰게 하는 것과 같다는 생각이 들었다.

Commentary

핀란드 vs 대한민국

핀란드 교육은 학생 탓을 하지 않으려고 무진 애를 쓰는 것 같다. 교과서와 같은 교재 개발에도 그런 모습은 그대로 적용된다. 교수법의 개선을 위한 지속적인 연구 노력을 곳곳에서 엿볼 수 있다.

배움에 대한 근본적인 생각의 차이

가르치는 입장이 아니라 배우는 처지에서 고민한 흔적을 곳곳에서 만나게 된다. 가르치는 사람이 가장 쉽게 빠지는 함정은 바로 자신은 너무도 잘 아는 내용이라는 점이다. 자칫 이렇게 쉬운 것도 잘 이해하지 못한다는 쪽으로 생각이 기울면 학생에 대해 부정적인 판단을 하게 된다. 반면 배우는 학생 입장에서는 자신이 이미 잘 알고 있는 내용이 아니라서 스스로 공부하면서 겪게 될 어려움에 대해 깊이 고민하지 않을 수 없다.

이처럼 교사들에게는 구체적인 내용이 연상되는 경우라도 학생들에게는 별다른 생각이 떠오르지 않는 추상적인 내용인 경우가 대부분이다. 가르치는 입장에서는 교과서의 구조가 체계적이기만 하면 된다. 하지만 배우는 입장을 고려하면 학습 효과를 완성하기 위해 필요한 구조를 고민해야 한다.

핀란드에서는 자연스러운 응용과 반복 학습을 위한 스파이럴 방식의 교재가 사용된다. 교수법이 아니라 학생들의 공부를 돕는 공부법에 관심을 가져야 한다. 충분히 생각할 수 있는 시간을 주면서 천천히 단계별로 차근차근 배움의 과정을 밟아나갈 수 있도록 배려한다.

핀란드 교육의 매력 포인트, 재미와 유익함

"핀란드의 교육은 배움 그 자체가 재미있고 생활에서 응용할 수 있게 되어 있다."

너무도 감동적인 진술이다. 한국에서는 학교 공부 무용론의 뿌리가 매우 깊다. 학교에서 배운 건 사회에서 써먹을 데가 없다는 생각을 대부분 당연하게 받아들인다. 또한 공부에 재미를 느낀다는 생각에 대해 극도의 거부감을 표시한다. 공부에 흥미를 느끼는 건 비정상적인 극소수 천재들의 이야기일 뿐, 정상적인 학생들과는 전혀 다른 세계의 이야기라고 무시해버리기 십상이다.

그리고 말로만이 아니라 실제로 교육 현장에서 재미와 유익함이 그대로 발현되고 있다는 사실에 감탄을 금할 수가 없다. 한국 기자와 인터뷰한 핀란드 대학생의 말을 통해 이를 여실히 확인할 수 있다.

스웨덴 스톡홀름에서 만난 한 대학생은 "한국 학생들은 문제 풀이 요령을 외우는 것으로 수학, 과학 공부를 대신하는 경우가 종종 있다"는 이야기를 듣고 '믿기 힘들다'는 표정을 지었다. 아주 예외적인 경우를 과장해서 이야기한 것이 아니냐고 되묻기도 했다. "그렇지 않다"고 이야기하자 그는 "학생들이 가만히 있느냐?"고 물었다. 재미도 없고, 쓸모도 없는 일을 강요하는데 저항이 생기지 않느냐는 질문이다. 대답할 말이 궁색해지는 대목이다 ('키워드로 읽는 북유럽', 〈프레시안〉 2008년 10월 3일자).

교사의 사명은 아이들을 지원하는 것이다
— 로호야 시의 교육방침

문제는 특별한 케어팀이 맡는다

　세미나 참가자에게 로호야 시의 교육방침을 설명하고 질의·응답하는 시간이 있었다.

　출석한 사람들은 안치라 중학교장인 니쿠 투오미스토Niku Tuomisto, 로호야 시교육문화국장 시모 유바Simo Juva, 그리고 로호야 시교육위원장 유하 렘베르Juha Lember였다. 교육문화국장은 교육위원회와 문화·건강·레크리에이션 서비스위원회를 관리한다.

　로호야 시는 인구가 5만 7,000명이고 중심지에 3,000명이 살고 있다. 즉 인구가 넓은 지역에 분산되어 있다. 로호야 시에는 초등학교가 22개, 중학교가 다섯 개 있다. 초등학교라고 해도 1, 2학년만 있는 경우도 있다. 통학 거리가 초등학생의 경우 3킬로미터, 중학생의 경우 5킬로미터 이상이면 택시로 등하교한다.

　안치라 중학교는 9퍼센트의 아이들을 대상으로 특별지원교육을 실시한다. 게다가 근처 학교에서까지 특별한 도움이 필요한 아이들이 오기 때문에 학생 비율로 따지면 15퍼센트이다. 꽤 많은 수치이다. 이 중학교에는 학생 360명, 교사 36명, 보통학급 보조교사 여섯 명, 기타 직원이 12명 있다.

시의 방침에 따라 정부에서 정한 10학년제를 따르는 대신 고등학교나 직업학교에 일찍 입학해서 1년 정도 배우게 한다. 소수로 남기기보다는 다른 학생들과 함께 진급시키는 편이 낫다고 보는 듯했다.

학교 밖의 교육, 이른바 클럽 활동은 보통 방과 후에 음악이나 미술 등을 지도하는 특별학급, 스포츠시설, 도서관 등에서 이루어진다.

문제가 생긴 경우 담임이 맡는 대신 특별한 케어팀이 조직된다. 교장, 심리전문가(발달 전반), 특별지원교사(학습장애), 카운슬러(진로 지도), 사회복지사(사회문제)로 구성된 케어팀에 담임이 가세하기도 한다.

핀란드에서는 학교 간의 격차가 왜 작은지를 물었다. 그러자 헬싱키를 제외하고는 지역차가 적고 거의 비슷한 수준의 가정들이 분열하지 않고 공존하기 때문이라는 대답이 돌아왔다. 10퍼센트의 학생을 추출해서 이루어지는 학력 조사는 국가 커리큘럼이 평등하게 시행되고 있는지를 조사하기 위한 것이다. 그리고 전문가가 결과를 분석해서 지역차를 없앨 수 있는 조치를 취한다. 전국적으로 실시되는 학업성취도평가는 경쟁을 목적으로 하지 않는다. 불리한 조건, 장애가 되는 조건을 분석하여 평등한 행정 조치를 취하는 것이 목적이다.

교육은 인간을 만들어가는 것을 중심에 둔다. 예를 들면 중학교에서는 담당하는 그룹별로 교사가 생활지도를 한다.

"수학을 가르치는 것이 아니라 (수학을 배우는) 아이들을 가르치는 사람이 수학 교사죠."

다른 말로 표현하면 "과목을 가르치는 것이 아니라 과목을 배우는 아이들을 가르치는 것이 교사의 사명"이라는 뜻이다. 즉 지식이나 기능의 전달만이 아니라 학습하고 발전하는 인간을 키우는 것 자체가 교육의 목적이고 교사의 일이라는 것이다. 스스로 배우는 인간을 키워내는 것은 이런 교사의 자세 덕분에 가능하다.

핀란드의 교육비는 GDP 비율로 따졌을 때 다른 나라보다 높지 않다. 로호야 시가 소규모 학교를 유지하는 데는 비용이 많이 든다. 그러나 절약을 하려면 급식비나 교통비를 줄이는 수밖에 없다. 교육위원장은 "설령 적자가 되더라도 교육에 돈을 쓰는 것은 좋은 일입니다"라고 말했다.

Commentary

핀란드 vs 대한민국

교육 이전에 사람

교사들이 자신의 역할을 충실히 할 수 있도록 다양한 지원을 아끼지 않는 모습을 다시 확인할 수 있다. 배우는 학생에게 문제가 생기면 특별지원교사 등이 협조하여 해결하거나 특수학급에 편성하여 돕는다. 교장, 심리전문가, 특별지원교사, 카운슬러, 사회복지사로 특별 케어 팀이 구성된다. 담임선생님이 참여하는 경우도 있다.

이와 관련해 최근 급증하고 있는 ADHD 학생들이 우리나라 교실에서 과연 어떤 취급을 받고 있는지 궁금해진다. 최근 언론에 보도된 사례이다. 난독증dyslexia인 학생들을 대상으로 방과 후 수업을 통해 문제해결을 돕는 실험이 결실을 맺고 있다. 그동안 열등하면서도 열심히 하지 않는다고 핀잔과 압박에 주눅 들어 있던 학생들이, 안 하는 것이 아니라 자신의 의지와는 상관없는 문제(두뇌의 이상)로 인해 못한 것이라는 사실을 확인할 수 있었다.

의도적으로 게을리하는 것과 하고 싶지만 제대로 되지 않아 어려움을 겪는 것은 정말 다른 문제인데 우리 현실에서는 너무도 자주 후자가 전자로 뒤바뀌어버린다. 결국 고통을 당하는 당사자 입장에서 본다면 핀란드의 특별 케어팀은 너무도 필요한 조치가 아닐까?

스스로 공부하는 학생을 돕는 것이 교사의 역할

과목을 가르치는 것이 아니라 과목을 배우는 아이들을 돕는 것이 교사의 역할이라는 생각은 매우 매력적이면서 철학적이기까지 하다. 정말 많은 생각을 하게 만드는 대목이다.

스스로 질문을 던져본다. 담당 과목을 잘 가르치면 된다는 생각으로 인해 배우는 사람을 소홀하게 여긴 것은 아닌지? 담당 과목을 잘 가르치기 위해 신경을 썼지만 배우는 학생이 겪고 있는 인간적인 고민과 갈등에는 무관심하지 않았는지? 담당 과목만 잘 가르치면 된다는 생각에 학생의 인간적인 성장에는 무심했던 것이 아닌지? 교사의 역할에 대한 근본적인 의문에 빠진다.

과목인가, 인간인가? 핀란드는 명확하게 인간을 선택한 것으로 보인다. 그 결과 과목에 대한 책임도 다하게 된 것이다. 그것이 바로 핀란드 교육의 마력이라고 해도 지나치지 않을 것 같다.

공부도 공부지만 인간에 대한 따뜻한 관심과 배려를 절실히 요구하는 학생들이 급속히 늘고 있는 우리 현실에서 핀란드가 그림의 떡이 아니라 추구 가능한 현실적 대안이 되어야 할 것이다.

핀란드에서는 교육방법에 대해

교사가 전권을 가진다.

그리고 사회적으로

교사가 아이들의 상태를 보면서

그때그때 가장 좋은 판단을 내리고

가장 좋은 교육을 한다고 생각한다.

교사는 그렇게 가장 좋은 가능성을

선택하고 만들어내는 전문가로 평가받는다.

제4장

인내심이 강한 수업

— 보사리 기초학교(중학교)의 경우

아무 말 없는 아이는
생각하고 있는 것이다

룬드마르크Mervi Lundmark 선생님은 부교장이자 영어 교사이다. 에너지가 넘쳐흐르는 그녀는 바쁘게 교내를 돌아다닌다. 그녀에게 학교의 상태나 교육방침에 대해 물어보았다.

질문 여러 아이들을 함께 가르칠 때 주의할 점은요?

대답 아이들은 제각각이라서 한 사람 한 사람이 다르죠. 핀란드에서는 아무 말 없는 아이는 생각하고 있는 것이고, 떠드는 아이는 답을 찾아낸 것이라고 여깁니다. 쉽게 생각해서 먼저 답을 찾아내는 아이도 있고 복잡하게 생각해서 시간이 걸리는 아이도 있겠죠. 그러니까 수업을 할 때도 기다리는 시간이 깁니다. 대개 기다리다 보면 어떤 학생이든 꽤 좋은 답을 만들어냅니다. 반응이 느린 아이가 할 수 없는 건 아니죠. 그러니까 수업 중에는 학생에게 멋대로 떠들지 못하게 하고, 답을 알면 손을 들게 합니다. 손을 들지 않는 아이가 있으면 아직 생각 중이라고 여기고 조금 더 기다립니다. 물론 교사

1 아침 8시 반 학교의 모습. 북유럽의 겨울은 춥고 어둡다.
2 현관에 들어가면 주번을 맡은 학생이 앉아 있다. 수업을 받지 않고 자습하고 있다.

나 단원에 따라 방식은 조금씩 다르죠. 예를 들면 영어 시간의 경우 도입부에서는 기다리지 않아요. 모든 아이들을 기다리지 못하고 진도를 나간 경우에는 미처 따라오지 못한 아이에게 보충수업을 해줍니다.

질문 기다리는 수업이라. 그런 수업 방식은 대학에서 배운 것인가요?

대답 그렇습니다. 빠른 아이, 먼저 대답하는 아이에게 신경을 빼앗기지 말라고 배웠죠. 내가 어렸을 때 학교 선생님도 그랬어요.

질문 일본에서는 핀란드보다 빠른 속도로 수업이 진행되고 학생을 기다려주지도 않습니다.

대답 잘하는 아이에게만 맞추면 수업은 빨리 진행될지 모르지만 못하는 아이가 의욕을 잃어버리죠. 아! 일본은 한 반이 40명이라고요? 20명이면 기다릴 수 있지만 40명은 기다리기 힘들겠네요. 음, 20명 이상은 무리예요.

질문 기다리느라 수업이 계획대로 끝나지 못하거나 잘 풀리지 않을 때는 스트레스를 받지 않나요?

대답 아뇨. 왜냐하면 아이들의 상태는 모두 다르고, 수업이 계획대로 되지 않는 것은 당연한 일이니까요. 물론 1년 안에 도달해야 할 목표가 있기 때문에 도중에 단계를 바꾸거나 수정합니다. 하지만 그대로 된다는 보장은 없죠…….

왠지 바보 같은 질문을 한 것 같다.

교사는 전문가

보사리 기초학교는 전교생이 351명인 중간 규모의 학교이다. 이민 학생은 7퍼센트로 국가 평균의 거의 세 배이다. 그 때문에 따로 반을 만들어 보충수업을 한다. 상근교사는 31명, 비상근교사(각각의 종교 수업)는 네다섯 명이다.

등교를 하지 않는데다 말썽까지 일으키는 학생은 다섯 명 정도이다. 그 외에 일주일 동안 등교하지 않은 학생도 있다. 쇼핑센터에 가거나 소파에 늘어져 있는 모양이다. "대개 이유는 부모 문제지요." 룬드마르크 선생님이 설명했다. 수업을 방해하는 학생이 소수 있어서 그들을 따로 모아 특별수업을 하기도 한다.

학력차가 가장 큰 어학과 수학을 보충한다. 보충수업은 대개 교과 교사가 담당한다. 근무시간 외의 수업이라서 교사는 특별수당을 지급받는다. 장기간 질병으로 결석한 학생에게 실시한다.

그런데 실제 수업을 보면 중학생은 확실히 여러 면에서 어렵다. 이때가 정신적인 동요를 겪는 시기라는 것을 수업에서도 여실히 느낄 수 있다. 페르스 중학교를 보면서도 1학년은 어리고, 2학년은 어렵고, 3학년은 어른이라는 느낌이 왔다.

이 중학교는 음악 코스와 요리 코스로 학생들을 모집한다. 이런 코스를 시작한 지는 올해로 3년째이다.

핀란드에서는 평등의 해석이 기회균등에서 더 나아가 개개인의 필요에 맞춰진 교육으로 변화해왔다. 한편으로는 뒤처지는 아이들에게는 보충수업을 실시하고, 학습장애를 겪는 아이들에게는 특별지원교사를 붙여서 특별한 도움을 준다.

다른 한편으로는 아이들의 개성을 키워주기 위해 음악, 과학, 체육 등을 위주로 특별학급을 편성하기도 한다. 이 경우 원래 선택과목 시간 두 시간에 커리큘럼 추가한도인 세 시간을 합쳐서 주 다섯 시간 정도로 확대한다. 대신 학습 진도는 다른 반과 비슷하게 유지한다. 선택이기는 하지만 의욕을 중시하므로 진학 준비, 엘리트 코스 등으로 변질되지 않게 한다.

실제로 수업을 견학해보면 클럽 활동에 아주 조금 살을 입힌 듯한 정도의 지도밖에 하지 않는다. 이것은 아이들에 대한 배려나 삶의 동기 형성이라는 측면이 강하다. 잘하는 아이를 편애하는 모습이 보이지 않았지만 문제 학생이 생겨도 별로 이상한 상황은 아니었다. 학교 측의 설명에 따르면 요즘에는 눈에 띄는 문제가 없다고 한다. 참관해보니 의욕적인 아이들이 모인 학급은 수업 진행이 쉬워 보였다.

예술, 음악 등 특별한 분야를 빼면 "보통 과목은 어느 학교에서라도 배울 수 있다"는 인식이 퍼져 있어서 학생들은 그냥 가까운 학교에 다니는 것이 보통이다.

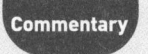

핀란드 vs 대한민국

핀란드 교육의 주인공은 바로 학생 한 명 한 명

룬드마르크 선생님의 얘기를 정리해보자.

"먼저 대답하는 아이들에게 신경을 빼앗기지 마라. 답을 하지 않는 아이는 지금 생각에 잠겨 있는 것이다. 따라서 기다려야 한다. 학생은 정말 제각각이다. 그러니 반응이 느리다고 해서 할 수 없는 건 아니다. 기다리지 못해 진도를 나간 경우 문제가 생긴 학생들을 위해 보충수업을 한다. 계획한 수업을 제대로 하지 못하는 것은 당연하다."

철저하게 교사가 아니라 배우는 학생 입장에서 판단하는 것이 정말 인상 깊다. 학생들의 이해와 참여 정도와는 무관하게 일방적으로 진도를 나가는 선생님, 진도가 밀리면 일방적으로 수업을 진행하고 진도를 모두 마쳤다고 주장하는 선생님. 우리의 교실 현장은 '기다릴 수 없는' 요인으로 가득 차 있다. 안타까울 따름이다.

과연 우리나라에서는 수업 진도를 제대로 따라오지 못하는 학생들에게 어떤 태도를 취할까? 선생님의 수업 내용을 신속하게 받아들이면서 적극적으로 수업에 임하는 학생과 비교해서 이런 학생들이 느린 것은 순전히 개인 차이 때문이라며 기다릴 수 있는 선생님이 과연 몇 분이나 될까? 처음부터 모든 선생님이 잘하면 예뻐하고 못하면 미워하는 식으로 학생들을 대하지는 않았을 것이다.

결국 우리의 열악한 학교 현실이 학생들을 대하는 교사들의 순수한 마음에도 악영향을 미쳤으리라 짐작이 되지만 모든 문제를 그런 제도

탓으로 돌리기에는 '기다려야 한다'는 지적이 너무도 강하게 여운을 남긴다. 학생 한 사람 한 사람의 개성에 대한 철저한 존중은 바로 우리의 죽어가는 교실 현장을 살리는 데 빛과 소금의 역할을 할 것으로 믿어 의심치 않는다.

학생의 의욕을 관리한다

핀란드의 교사들을 보다 정밀하게 묘사하면 이런 표현이 어떨까?

"학생 개인의 의욕을 관리하는 전문가!"

중학생이 되면서 개성의 발현이 보다 강해지는 상황에서도 핀란드 교사들은 한결같은 모습을 보여준다. 학생들의 문제 행동을 개인의 잘못으로 절대 돌리지 않는다. 다 이유가 있다는 관점, 그래서 그에 맞는 적절한 도움을 제공해야 한다는 원칙이 그대로 교실 현장에 살아 숨쉬고 있다.

핀란드 학생들이 제대로 사람대접을 받고 자란다면 우리나라 학생들은 동물 수준의 대접을 받으며 성장하고 있는 것이 아닐까? 우리나라에서는 흔히 개성의 차이를 열등함으로, 또 가정의 문제, 사회의 문제를 모두 개인의 잘못으로 돌려버리기 때문이다. 학생들은 각별한 배려의 대상이 되는 피해자가 아니라 전체에게 피해를 주는 가해자로 인식된다. 학생들이 의욕을 잃지 않고 스스로 열심히 공부할 수 있도록, 가장 근본적이고 중요한 동기부여를 위해 최선을 다하는 핀란드 교사들의 모습에 감동하게 된다.

명심할 대목

"평등의 해석에 있어 기회균등에서 더 나아가 개개인의 필요에 맞춰진 교육으로 변화해왔다(우리 교육의 지향점을 너무도 잘 설명해주고 있다)."

"아이들에게 뭔가 해주는 배려라고 할지, 인생에의 동기 형성을 돕는 면이 크다(가르치는 입장에서 최고의 가치와 원칙으로 삼아야 할, 아이들을 대하는 순간마다 금과옥조처럼 마음속에 살아 있어야 할 말이다)."

꼭 명심해야 할 대목이라고 생각한다. 영구기억으로 저장하자.

"자신을 위해서 배우세요"
— 살미넨 선생님의 수업 풍경

손이나 발을 써서 측정한다

7학년 물리 시간이다. 원래 학생 수는 15명이지만 오늘은 남학생 한 명이 빠져서 14명(남 2명, 여 12명)이다. 왜 성비가 맞지 않고 여학생이 많은지 물었더니 이 학급은 '음악 코스'라는 특별학급이라서 그렇다는 대답이 돌아왔다.

조금 나이 든 살미넨Hele Salminen 선생님이 물리 담당이다. 단원은 측정 단위이고 이번 시간 주제는 '무엇으로 잴까?'이다. 교사가 프린트물을 나눠준다.

자연스럽게 두세 명씩 그룹을 지어 작업을 시작한다. 양손을 펼쳐서 '한 길'을 재기도 하고, 걸음을 떼며 '보폭'을 재기도 하고, 발을 내밀어서 '발 사이즈'를 재기도 한다. 아이들은 그룹을 바꾸기도 하면서 함께 과제를 해결한다.

음악 특별학급이라서 그런지 작게 노래를 부르며 작업하는 아이도 있다.

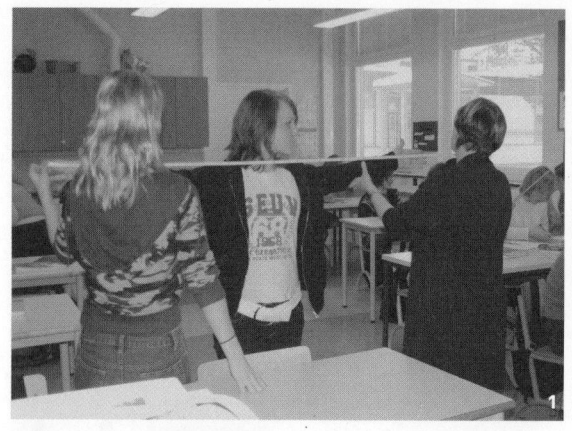

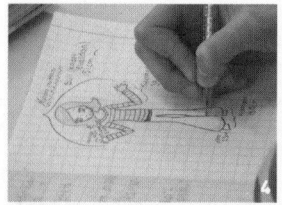
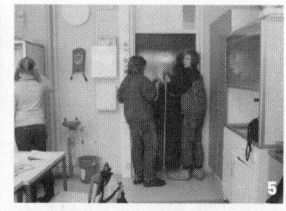
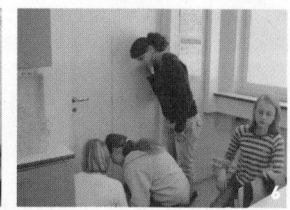

1 "이렇게 재는 거야." 선생님(오른쪽)이 말한다.
2 보폭을 재고
3 측정 결과를 지정된 프린트물에 직접 적어 넣는 학생도 있고
4 자화상에 표시하는 학생도 있다.
5 조금 조잡한 실험으로 보였지만
6 공이 떨어지는 모양을 살펴보고
7 휴대전화를 사용해서 낙하속도를 계산한다.
8 실험에 참가하지 않고 교과서를 읽는 아이도 있다.

살미넨 선생님이 말한다. "몸의 크기를 알아두면 외국에 가서도 대강의 크기를 알 수 있어요. 가게에 갔을 때 자가 없어도 상품을 잴 수가 있지요." 핀란드 교육의 모토는 '시험이 아니라 자신을 위해 배우라'이다. 그러면 배운 것을 어떻게 자신을 위해 사용할 것인가? 교사가 그 답을 들려주는 것이다.

과제를 마친 학생들이 워크북을 펼쳤다. 10분도 안 돼서 한 학생이 "연습문제는 지겨워요"라고 말한다. "그래. 그럼 다음으로 가보자." 살미넨 선생님이 말한다. 아예 워크북을 그만두고 다음 과제로 옮겨갔다. 이런 판단이 가능한 것도 핀란드 교사들의 특징이다.

다음 단원은 속도를 재는 것이다. 공이 떨어지는 속도를 재기로 했다. 스피드가 빨라서 재기가 어렵지만 이번에도 아이들은 그룹으로 나뉘어서 과제를 해결한다. "시간은 휴대전화로 재세요." 살미넨 선생님이 말한다.

수업에 반발해서인지, 아니면 과제의 해석에 집착해서인지 여학생 한 명이 실험에 참가하지 않고 가만히 교과서를 읽기 시작했다.

수업이 종료될 무렵 대부분은 워크북을 풀고 있었지만 공놀이를 하는 학생이 둘, 실험을 계속하는 학생이 둘, 하교 준비를 하는 학생이 한 명 있었다. 그 외의 학생들은 수업이 끝날 때가 되었다는 사실도 잊고 차분히 측정 결과를 쓰고 있었다.

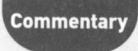

핀란드 vs 대한민국

공부는 왜 하는가?

배운 것을 어떻게 하면 자신을 위해 활용할 수 있을까? 살미넨 선생님이 설명해준다.

"핀란드의 교육은 시험을 위해서가 아니라 자신을 위해서 배우라고 말한다."

학습법 전문가로서 공부 효율을 높이기 위해 내가 학생들에게 늘 강조하는 말과 정확하게 일치한다. 그런 말을 할 때는 그래야 시험에서도 유리하다는 설득을 덧붙이곤 한다.

우리나라에서 이렇게 말하는 선생님이 과연 얼마나 될까? 그리고 더욱 중요한 것은 그런 말을 들었을 때 긍정적인 반응을 보이는 학생이 과연 몇 명이나 될까?

대한민국은 시험 문화의 함정에 너무도 깊숙이 빠져 있다. 그래서 입시 위주의 공부에 문제가 있다는 주장이 제기되면 비현실적인 발상의 대표 격으로 외면되고 마는 실정이다. 하지만 입시 위주의 교육에서 완전히 탈피한 핀란드 학생들에게 우리 학생들이, 다른 것도 아닌 시험에서 밀리고 있다는 사실에 주목해야 한다.

공부가 우선이고 입시가 다음인데 공부라는 것을 제대로 하기 위해서는 시험을 위한 공부가 되어서는 안 된다는 주장을 진지하게 검토할 때가 되었다는 생각이다.

간단하게 정리하면 이렇다. 자신을 위한 공부는 동기부여가 쉽지만 입시를 위한 공부는 강압적인 통제가 매우 중요하다. 자신을 위한 공부는 공부 집중력이 높아져 쉽게 학습 효과가 나타나지만 입시를 위한 공부는 장시간 노력해도 좋은 결과가 잘 나타나지 않는다. 자신을 위한 공부는 모든 학생에게 필요한 공부지만 입시를 위한 공부는 일부 경쟁에서 이길 수 있는 학생들만을 위한 공부가 된다.

시험이 아니라 자신을 위해 필요한 공부라는 인식이 학생들의 머릿속에 싹트기 시작하면 과연 어떤 변화가 일어날까? 물론 한국에서도 자신을 위해 필요한 공부라는 생각을 가진 학생들을 드물게 만날 수 있다. 영재성은 엿보이지 않지만 정말 공부를 사랑하고 그래서 열심히 하는 학생들, 주로 민사고나 과학고 등에 진학한 학생들의 생각 속에 어느 정도는 자리 잡고 있다. 그리고 시험을 잘보고 싶으면 시험을 잊고 의미 있는 배움을 추구해야 한다는 나의 평소 주장을 마음속으로 받아들인 일부 재수생들의 생각 속에서도 찾을 수 있다.

시험을 위한 공부의 희생자가 바로 본인이라는 자각은 매우 강력하다. 즐겁고 재미있게, 그래서 유익한 배움을 이어갈 수 있어야 재수에 성공할 수 있다는 주장의 말미에 덧붙이는 말이다.

"너희들은 한국식으로 실패한 것이다. 고로 핀란드식으로 부활하라."

역시 제각각

역시 살미넨 선생님의 교실에서도 학생들의 다양한 모습을 확인할 수 있다. 워크북을 하는 학생, 공놀이를 하는 학생, 계속 과제를 하는 학생, 하교 준비를 하는 학생, 과제 수행 결과를 기록하는 학생. 핀란드 교육을 정밀하게 관찰하면서 든 생각 중 하나는 이렇다.

'학생을 바꾸려고 하지 않는다.'

교사가 먼저 바뀌려고 노력하는 모습을 곳곳에서 발견할 수 있다. "연습문제는 지겨워요"라는 학생의 말에 다음 단계로 안내하는 선생님! 과연 우리나라에서 그렇게 말할 수 있는 학생은, 그렇게 대처할 수 있는 선생님은 과연 몇 명이나 될까? 또 한 번 우리의 현실과 자연스럽게 대비가 되는 대목이다.

아마 살미넨 선생님은 그런 학생들의 반응에 대해 다음과 같은 고민을 하지 않았을까? 왜 지겨워했을까? 좀 더 재미있게 공부하려면 어떤 도움이 필요할까? 제대로 도움을 주려면 어떤 준비를 해야 할까? 혹시 지나친 생각이라는 거부감을 독자들이 갖게 될지도 모르겠다. 하지만 그런 개별성에 대한 구체적인 고민과 진지한 모색 없이는 개인별 맞춤형 수업이 불가능하다는 생각을 하게 되면 판단이 달라질 수도 있다.

장소가 변하면 지식도 변한다
—물린 선생님의 수업 풍경

지역에 맞춘 수업

물린Riina Mulin 선생님의 지학 수업이다. 8학년 21명으로 구성된 학급으로 이날은 18명(남 9명, 여 9명)이 출석했다. 수업에 빠진 아이들이 결석을 한 것인지, 아니면 보충수업을 받고 있는 것인지 물어보는 걸 깜박 잊었다.

부교장이 나눠준 수업 참관 계획표를 보니 '어? 정말 오는 거야? 다른 반에서 하면 안 되나?'라는 낙서가 있었다. 분명히 물린 선생님이 쓴 것이리라. 실제로 보니 힘들 것 같은 반이기는 했다.

수업은 늪지대를 유형별로 나눈 다음 늪지대가 습지로 바뀌어가는 과정을 따라가는 것이었다. 물린 선생님은 OHP에 사진을 넣어 핀란드의 지도를 보여주면서 핀란드의 늪지대를 유형별로 설명했다. 핀란드에는 호수가 18만 개나 된다니, 학생들에게는 매우 흥미로운 수업일 것이다.

통역을 해주는 기쿠카와 유키 씨가 "내가 모르는 내용이 엄청 많은

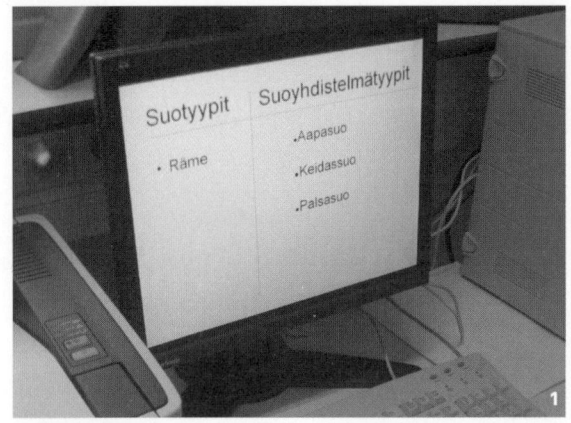

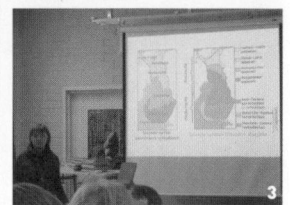

1 컴퓨터 화면이

2 프로젝터를 통해 영사되고 물린 선생님이 설명한다.

3 선생님이 직접 만든 교재로 습지의 진화를 설명한다.

4 멋대로 과제를 시작하는 학생도 있고, 선생님의 말에 집중하는 학생도 있다.

5 무척 열심히 듣는 학생도 있는 반면

6 거의 듣지 않는 학생도 있다.

7 "똑바로 하세요." 떠드는 학생에게 물린 선생님이 말한다.

8 학생들은 각각 워크북을 풀고 수업이 끝났다.

데요"라고 말했다. 장소가 변하면 지식도 변한다. 지식은 관심에 의해 만들어진다는 사실을 증명해주는 흥미로운 수업이었다.

하지만 교사가 된 지 반 년밖에 되지 않은 물린 선생님은 무척 힘든 모양이다.

물론 신참 교사라도 수업을 할 수 있도록 교과서회사는 OHP시트를 준비해둔다. 하지만 물린 선생님은 직접 만든 도표로 수업을 하고 있었다. 조금 일방적인 수업이었다.

흥미를 가지고 열심히 수업을 듣는 학생은 네 명, 재잘거리며 수업을 그냥 따라가는 학생은 여덟 명, 때때로 수업에 참가해서 반응하는 학생은 다섯 명, 큰 소리로 떠들기만 하는 학생은 한 명이었다.

학생이 앞 책상에 발을 걸쳐놓은 걸 보고 물린 선생님이 "발을 내려요", "똑바로 하세요"라고 몇 번 주의를 줬다. 그 학생은 주의를 듣고 발을 올려놓지는 않았지만 변함없이 큰 소리로 떠들어댔다. 하지만 전혀 수업을 듣지 않는 것은 아닌지, 어느 단어에 반응하기는 했다.

"어이, 요너스, 조용히." 물린 선생님이 말한다. 학생은 "예"라고 대답하고는 몇 초 동안 조용히 있다가 다시 떠들기 시작한다.

물린 선생님은 과제를 칠판에 쓰고는 워크북을 풀게 한다. 그 사이에 물을 마시는 아이도 있고, 교과서를 정리해 교실을 나갈 준비를 하는 아이도 있다.

수업이 끝나갈 때쯤 물린 선생님이 이날 배운 내용을 정리한다. 질문에 적극적으로 대답하는 학생이 한 명, 때때로 대답하는 학생이 두 명이고 나머지는 아무 반응이 없었다. 두 명은 질문을 무시하고 노래까지 부른다.

수업이 끝나고 물린 선생님에게 학급의 상태를 물어보았다. "이 반은 항상 이래요. 하지만 그 학생은 참관을 의식해서인지 오늘따라 유별나게 시끄러웠어요." 물린 선생님이 대답했다.

Commentary

핀란드 vs 대한민국

용납하는 선생님

큰 소리로 떠드는 학생, 심지어 수업 시간에 노래를 부르는 학생들을 도대체 어떻게 판단해야 하나? 무질서와 방종, 정말 문제 학생들의 집단 수용시설 같은 분위기를 어떻게 이해해야 하나? 이미 여러 차례 앞에서 확인한 모습이기에 이제는 익숙해질 때도 되었건만 여전히 혼란스럽다. 역시 주의를 주지만 강압적으로 제재하지 않는 선생님의 모습도 고민스럽기만 하다. 그런 상황을 어떻게 참아낼 수 있을까? 그리고 어떻게 그런 분위기에서 제대로 된 수업이 가능하다고 생각할 수 있을까? 다시 곰곰이 생각해본다.

공부는 스스로 자신을 위해서 하는 것, 선생님은 그런 학생들에게 공부를 시키는 것이 아니라 돕는 역할. 그렇다면 교실의 주인공은 스스로 공부하는 학생들이 된다. 주인공을 통제해서는 제대로 될 일도 안 된다. 그리고 스스로 공부하는 것을 대원칙으로 하는데 교사 중심의 획일적인 통제는 있을 수 없는 일이 되어버린다. 그렇다면 물린 선생님의 교실 현장은 너무도 자연스러운 배움의 장으로 인식된다.

결국 문제는 선생님 주도의 획일적인 통제를 정상적인 모습으로 생각하는 한국식 고정관념에 있었다는 결론에 도달한다. 핀란드 기준으로는 지극히 정상적인 모습이, 한국 기준으로는 무질서와 혼란의 현장으로 다가오는 이유를 이해함으로써 우리가 극복해야 할 과제가 무엇인지를 명확히 알 수 있을 것이다.

한 명의 낙오자도 만들지 않는다
— 나글러 선생님의 수업 풍경

교실의 연인

8학년(중학교 2학년)의 수학 수업이었다. 나글러Eeva Nagler 선생님은 키가 큰 여교사이다.

교탁 근처에 앉은 여학생 옆에 한 남자가 앉아 있다. 특별지원교사가 붙어서 지도하는 줄 알았는데 교사치고는 너무 젊다. 수업이 시작된 후에야 사정을 알게 됐다. 그 두 사람은 커플이었던 것이다. 남학생은 껌을 씹으며 워크맨을 듣고 있다.

그는 기댄 채 때때로 여자 친구의 몸을 더듬는다. 그 모습을 보고 다른 두 명의 여학생이 조금 난처한 표정을 지을 뿐, 다른 학생들은 커플을 무시한 채 수업을 받고 있다. 커플에게는 전혀 신경 쓰지 않고 마냥 발랄한 학생도 있다. 이 학급의 학생들은 아이에서 어른으로 변화하는 사춘기의 한복판에 있는 듯하다.

수업이 20분 정도 진행되었을 때 나글러 선생님이 다가와서 말한다. "깜짝 놀랐겠지만 차라리 이게 나아요. 남학생은 수업을 듣지는 않지만 적어도 학교에는 나오잖아요. 여학생은 대충이라도 수업에 참여하고 있구요. 그러다가 마음을 잡으면 달라지겠죠."

남학생은 여자 친구가 칠판에 나가 뭔가를 쓰거나 하면 안절부절못한다. 이 학급에는 수업 중간에 나타나 그냥 자리에 앉아 있기만 한 남학생이 하나 더 있었다. 하지만 둘 다 다른 학생들을 방해하지는 않았다. 쉬는 시간에 비슷한 남학생들이 현관의 자판기 앞에서 웅성대기에 필자가 "안녕" 하고 손을 흔들었더니 그쪽에서도 손을 흔들어주었다. 솔직하고 순수한 애들이다. 그 애들도 나름대로 학교에서 자기 인생을 찾으려는 것 같았다. 자포자기한 느낌이 아니었다. 그들이 학교 안에 있는 것은 '공부'가 싫어졌어도 학교가 기다려줄 거라는 안도감 때문이 아닐까. 이것이야말로 "한 명의 낙오자도 만들지 않는다"는 핀란드 교육의 증거이다.

이 학급의 학생 수는 24명이다. 이 시간에는 두 명이 특별수업을 받으러 가서 22명이 수업에 참가해야 하지만 또 다른 두 명이 수업에 늦었다. 그중 한 명은 헤드폰을 끼고 있다가 자리에 앉자마자 헤드폰을 뺐다. 그 애는 노트도 교과서도 펴진 않았지만 칠판을 보고 있었다. 나글러 선생님의 얘기로는 몇 명을 특별학급에 보내고 싶은데 "소수 학급에 들어가면서까지 공부를 강요받고 싶지 않다"며 학생들이 거부한다고 했다. "부모의 이혼이라든지 사춘기에 여러 문제가 발생하기도 하잖아요." 나글러 선생님이 말한다. "수학을 가르치는 것이 아니라 (수학을 배우는) 아이들을 가르치는 사람이 수학 교사"라던 말은 현실이었다.

이 수업은 숙제의 해답을 맞춰보는 것으로 시작되었다. 이 학교의

1 오른쪽에는 커플인 두 학생이 사이좋게 수업에 참가하고 있다.
2 여자 친구가 칠판에 뭔가를 쓰는 동안 남학생은 이리저리 방황하고 있다.
3 늦게 온 남학생(가운데)은 교과서나 노트를 펴지 않은 채 칠판만 보고 있다.
4 외모에 신경 쓰는 여학생은 10퍼센트 정도이다. 학생들은 거의 평범한 차림새이다.
5 "내 방법이 어디가 틀렸을까?"   6 "어, 말도 안 돼. 왜 이렇게 되지?"
7 각자 프린트물을 푼다.   8 "어디 보자, 푸는 방법은 좋은데.'
9 수업은 끝났다. 하지만 조금만 더 하면 과제를 끝낼 수 있겠다.
10 "아직도 하니? 이제 좀 가자."

수학 수업은 교과서에 직접 필기하는 방식이 아니라 노트에 필기하는 방식을 취하고 있다. 칠판은 교실 앞과 옆에 있다. 아이들은 나글러 선생님이 칠판에 적는 것을 보면서 자신의 해답을 고친다. 커플인 여학생은 많이 틀렸는지 나글러 선생님이 차근차근 고쳐준다. 아무도 웃지 않고 그 여학생도 부끄러워하지 않는다. 그냥 각자의 수준에 맞춰 배울 뿐이다. 그 열의가 전해지는 수업이었다. 22명의 학생 중 서너 명을 제외하고는 모두 수업에서 낙오되지 않았다.

교과서의 과제를 끝낸 학생들은 프린트물에 도전했다. 나글러 선생님은 책상 사이를 돌기 시작했다. 여학생 한 명이 적극적으로 칠판 앞에 나와서 해답을 적었고, 수업이 끝난 후에도 과제를 계속 풀었다.

그룹이 되어 서로 가르쳐주는 수업은 아니었다. 진한 화장에 어른스러운 옷차림이 눈에 띄는 여학생도 있었다. 이 학생들은 자신의 여러 변화에 당혹감을 느끼면서도 조금씩 배우고 있었다.

Commentary

핀란드 vs 대한민국

참 스승의 모습

아무리 학생들의 자기주도적인 배움의 장이 교실이라고 하지만 교실에서 연애하는 커플까지 등장하는 대목에서는 아연실색할 수밖에. 하지만 나글러 선생님의 말을 들어보면 수긍할 수 있다. 아니, 전적인 동의를 표하게 된다. 나글러 선생님은 그런 걸 허용하는 것이 다른 선택보다 교육적으로 낫다고 판단한다.

"남학생은 학교라도 나온다. 여학생은 어쨌든 수업에 참여한다."
특별 지도가 필요한 학생이지만 본인의 의사를 존중하여 강제하지 않는다.

문제를 잘못 풀었어도 그저 차근차근 고쳐주는 선생님의 지도를 따를 뿐 창피해하지 않는다. 비웃는 학생도 없다. 지각을 해도 전혀 문제되지 않는다. 오히려 자연스러운 분위기처럼 여겨진다.

우리는 말과 현실이 너무 다른 경우가 정말 많다. 교육학 원론에 나오는 이야기는 책 속의 이야기일 뿐, 교실 현장은 여전히 온갖 편견과 고정관념이 난무한다는 사실을 새삼 깨닫게 된다. 제도나 규칙이 우선인가, 사람이 우선인가? 정말 깊이 고민하면서 온갖 편견과 고정관념이 난무하는 우리의 교실 현장을 되돌아보아야 한다.

학교는 어떻게 달라져야 하는가 - 가고 싶은 학교 만들기

일단 나글러 선생님의 교실 풍경을 보면서 우리 교육에 갖게 된 의문점들을 정리하면 다음과 같다.

우선, 학생들은 반드시 정해진 수업 시간에 자기 교실에 가서 바른 자세를 취하고 선생님을 기다려야 하는가? 그런 규칙을 따르느라 압박감이나 거부감을 갖게 된다면 과연 규칙을 지킴으로써 남는 것이 무엇일까? 제도는 유지되겠지만 개인은 결국 희생되는 것이 아닌가? 학생들은 갈등이나 고민을 안고 있으면서도 학생이기에 무조건 학교에 가서 정해진 시간에 선생님의 수업을 받아야 하는가? 정학이나 퇴학 같은 처벌을 받지 않기 위해 학교에 가기는 하지만 자신의 마음속에서 꿈틀거리는 갈등으로 인해 공부를 제대로 하지 못하게 된다면 결국 무엇이 남을까?

우리의 현실은 과연 어떤가? 갑자기 결손 학교라는 단어가 떠오른다. 결손 가정의 학생들은 가정으로 돌아가는 것을 싫어한다. 가정이 오히려 마음을 불편하게 만들기 때문이다. 자신을 늘 인정하고 따뜻하게 맞이해주는 가정이 있다는 것은 개인에게 매우 중요한 삶의 원천이 된다.

핀란드에서는 가정뿐만 아니라 학교도 그런 느낌을 주는 곳이다. 공부를 열심히 하지 않아도 학교가 학생을 기다리고 있다는 느낌을 준다. 사실 가고 싶은 학교와 가기 싫은 학교의 차이를 우리는 잘 모른다. 가고 싶은 학교를 경험하지 못했기 때문이다.

대한민국 학생들에게 학교가 정말 가고 싶은 곳이 된다면 과연 어떤 변화들이 일어날까? 학교의 개혁을 위해 많은 일을 해야겠지만 학생과 학부모의 입장에서는 '가고 싶은 학교 만들기'라는 캐치프레이즈에 많은 관심을 보일 것 같다. 그리고 단순한 구호가 아니라 그런 목표가 조금씩 교실 현장에서 구현되는 만큼 학교가 할 수 있는 역할도 커질 것이 분명하다.

언제 어디서나 배우고 응용할 수 있다
― 아우테레 선생님의 수업 풍경

상당히 높은 전문성

교무주임 격인 아우테레Olli-Pekka Autere 선생님의 수업을 참관했다. 9학년(중학교 3학년) 19명으로 이루어진 반으로 이 시간에는 18명(남 12명, 여 6명)이 출석했다.

사실 이번 수업에는 국내의 현금 흐름과 나라나 기업의 역할을 다루어야 했다. 그러나 아우테레 선생님은 일본인의 수업 참관을 계기로 대외무역 등 핀란드와 세계 각국의 관계를 살펴보는 수업으로 발전시켰다. 그는 일본인에게 직접 생생한 이야기를 들으면 이해가 깊어질 거라면서 수업 참관자들을 능숙하게 수업에 활용한다. 이런 기지가 통하는 것은 교사의 전문성이 높은데다가 교사에게 재량권이 주어져 있는 덕분이다.

일제수업이지만 아우테레 선생님은 학생의 의견을 노련하게 이끌어 내고 생각을 유도했다. 그룹 학습이 더욱 발전해서 학급 전원이 하나의 그룹이 되어 하나의 학습에 몰두하고 있었다. 모든 학생이 집중한

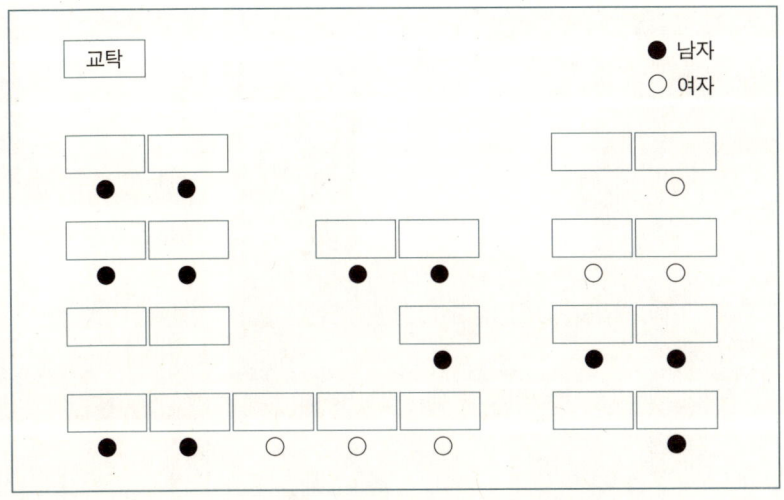

채 열심히 생각하고 있었다. 수업 속도도 무척 빨랐다.

　이 시간에는 교과서를 거의 쓰지 않고 나눠준 두 장(3페이지짜리)의 프린트물을 활용한다. 수업 내용은 컴퓨터에 모아둔 자료를 조합한 것이다. 프린트물의 무역통계는 핀란드어, 스웨덴어, 영어로 씌어 있었다. 규제를 폐지하고 모든 것을 현장에 맡기면 자연스럽게 언제 어디서나 지식을 배우고 응용하는 학습이 이루어질 수도 있다. 영어를 배우면 언제 어디서나 쓸 수 있는 것처럼.

　프린트물을 읽은 후 휴대전화로 계산도 해보게 한다.

　중국과는 수출초과지만 일본과는 수입초과의 관계이다. 중국에서는 핀란드산 휴대전화가 많이 팔리는 반면 일본에서는 그렇지 못해 벌어진 현상이라는 등 여러 가지 설명이 나온다.

　"일본에서 판매되는 핀란드 제품으로는 뭐가 있나요?" 아우테레 선생님이 물었다.

1 컴퓨터 자료를
4 학생들에게 묻는다.
7 "그렇게 된 걸까?"
9 아무래도 선생님의 이야기가 재미있는 모양이다.
11 활발하게 발표한다.

2 프로젝터로 영사한다.
5 떠들고 있던 학생도
8 혼자 생각에 빠져 있는 학생도 있다.

3 아우테레 선생님이 설명하고
6 열심히 이야기에 빠져든다.
10 선생님의 이야기를 듣고 생각하고

12 해설이 끝나자 선생님이 프린트물을 나눠주면서   13 학생에게 말을 걸어 흥미를 유도한다

14 선생님이 나눠준 프린트물. 가운데 시장을 중심으로 왼쪽이 국가, 오른쪽이 가정이다. 국가와 가정이 시장을 사이에 두고 이어져 있는 공적 섹터가 오늘의 주제였다.

15 휴대전화를 써서 계산하고   16 자신의 생각을 노트에 적는다.

17 "그렇지, 이렇게 계산해."   18 학생은 데이터를 읽고 생각한 뒤

19 알았다고 손을 든다.   20 '나도 생각이 있다' 는 뜻이다.

21 수업이 끝나도 생각은 더 발전해가고 선생님 곁에 학생들이 모여서 질문하고 또 생각하며

22 도무지 돌아가려고 하지 않는다. 중학교 3학년(16세)쯤 되면 전문적인 관심이 나오는 것일까? 학생 18명이 모두 집중하는 알찬 수업이었다.

"그다지 없는 것 같아요. 통나무집이나 가구? 아, 블루베리가 있군요." 내 대답에 아우테레 선생님이 실망한 목소리로 말했다. "그 정도밖에 알려져 있지 않군요."

"이 부분이 우리의 과제이다." 아우테레 선생님이 지적한다. 그와 이야기를 나눠보고 그의 탁월한 전문성에 감탄했다. 그리고 최고 학년인 9학년쯤 되면 공부를 제대로 하는구나 하고 학생들에게도 감탄했다.

Commentary

핀란드 vs 대한민국

고도의 전문가

현실적인 소재에 전문적인 내용을 능숙하게 버무려 학생들의 자발적인 참여를 이끌어내는 선생님의 전문성이 눈부시다. 떠들던 학생이 선생님의 설명에 집중하는 모습이 인상적이다.

만약에 선생님의 제지를 받았다면 이런 일은 쉽게 벌어질 수 없다. 통제에 대한 거부감으로 인해 스트레스 상태에 빠지고 결국 계속 딴짓을 함으로써 스트레스에서 벗어나려고 발버둥 칠 것이 분명하기 때문이다. 아니면 침울한 상태에서 언제 수업이 끝날지 시계만 쳐다보게 되지 않을까?

결과적으로 아우테레 선생님은 자신의 지시에 따라 일사불란하게 움직이는 통일적인 학생들의 모습을 '잃었을지' 모르지만 학생들의 관심을 이끌어내 수업에 참여시키는 성과를 거두는 데는 성공했다. 그리고 그런 성과는 수업이 끝났음에도 학생들이 자신의 관심사를 해결하기 위해 선생님과 계속 배움의 장을 이어가는 모습을 통해 확인할 수 있었다.

핀란드 교실을 관찰하면서 곳곳에서 드는 생각은 바로 우리나라의 대학교 강의실과 비슷하다는 느낌이다. 획일적인 통제를 가하면 교실에는 질서가 생기고 조용한 분위기가 연출되겠지만 통제의 강도만큼이나 학생들의 자발성은 떨어지게 되는 것이 아닐까? 반대의 모습을 핀란드 교실에서 확인하면서 이런 생각이 보다 분명해진다.

우리나라는 학생 개개인의 입장에서 보면 교육적으로 별 효과가 없는 것에 너무나 신경을 쓰다 보니 교육적으로 가장 가치 있는 핵심을 놓치는 것이 아닌가 싶다. 여전히 우리 학교에는 이른바 군기반장으로 통하는 호랑이 선생님들이 계신다. 강압적인 분위기를 연출하여 학생들을 꼼짝 못하게 하는 이런 호랑이 선생님들의 역할이 사라지는 날이 하루빨리 오기를 바라는 마음 간절하다.

철저히 '스스로 배우는 자세'
―코르펠라 선생님의 수업 풍경

성숙하고 진지하다

코르펠라Tussi Korpela 선생님은 젊은 남자 교사이다. 9학년 14명(남 7명, 여 7명)으로 구성된 학급에서 수학 수업이 시작되었다. 수학이나 영어 과목의 경우 학교에 따라 학급을 둘로 나눠 수업을 받게도 하는데 이 학교는 적은 수로 구성된 전체 학급이 함께 전체 수업을 받게 한다.

9학년쯤 되면 학생들은 각자 진지하게 공부한다. 이제 마지막 학년이니 놀 수만은 없다는 분위기이다. 모든 아이들이 취향이나 특기는 제쳐둔 채 미래를 위해 공부하고 있었다.

코르펠라 선생님이 두 학생을 지목해 칠판에 적힌 과제를 풀게 한다. 그다음 그는 칠판의 과제를 설명해준다. 곧 학생들은 개인 학습에 들어간다. 중간에 학생 중 한 명이 칠판 앞으로 나와 해답을 적는다. 선생님이 설명하고 또다시 학생들은 개인 학습을 한다.

모든 학생이 해답을 교과서가 아닌 노트에 적고 있었다.

칠판에는 $-2(x+2)$나 $3x-(x-1)$ 같은 간단한 과제만 네 개 적혀 있었

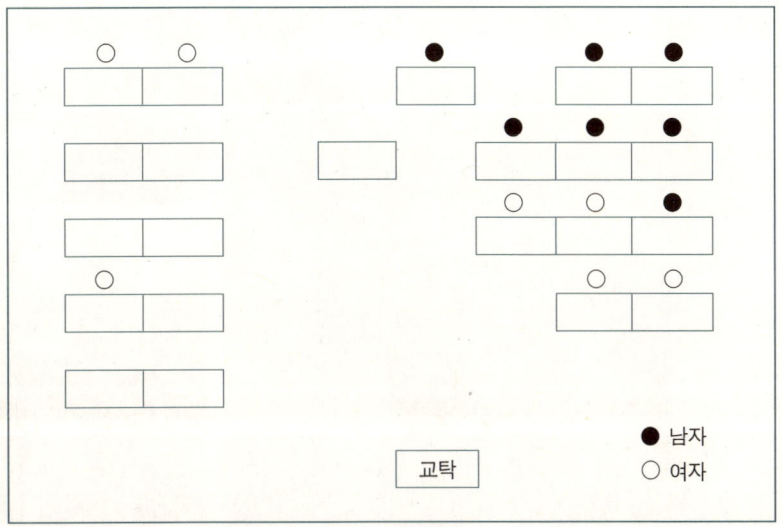

다. 도저히 9학년의 수업이라고는 생각할 수 없는 수준이다. 괄호 앞이나 분모에 있는 마이너스 부호를 없애는 법이 오늘 배우는 내용이다. 코르펠라 선생님이 천천히 설명한 뒤 학생들이 연습을 한다.

학생이 문제를 풀다가 "선생님, 이건요?"라고 궁금한 부분을 질문한다. "그래, 그래." 코르펠라 선생님이 칠판에 곧 식을 쓰지만 따로 설명을 하지는 않았다. 문자식의 약분은 복습에 해당하니까 확인으로 끝내는 것 같았다. 학생의 질문은 다음과 같이 분모의 마이너스 부호를 없애는 것에 집중되어 있었다.

$$\frac{2}{-5} = -\frac{2}{5} \qquad \frac{c^2}{-5} = -\frac{c^2}{5}$$

코르펠라 선생님이 책상 사이를 도는 동안 학생들은 떠들면서 서로 가르쳐주기도 하고 선생님에게 도움을 요청하기도 한다. 문제를 모두 푼 사람은 해답집으로 답을 맞춰보면서 틀린 문제는 다시 한 번 풀어본

1 학생이 해답을 칠판에 쓴다.
2 코르펠라 선생님이 그것을 해설하고 수정한다.
3 설명을 듣는 아이도 있고 안 듣는 아이도 있다.
4 칠판을 보고는 '나도 할 수 있겠다'고 생각하고
5 개인 학습에 들어가면 선생님이 한 명씩 챙겨준다.
6 "왜 이렇게 되지?" "그건, 음······." 학생끼리 서로 가르쳐준다.
7 "너 괜찮니?" 이 학생은 혼자 고립된 채 수업 중에도 전혀 말을 하지 않았다.
8 이 학생은 적극적이었지만 친구들과 떨어져 혼자 앉아 있었다.
9 뭔가 선생님의 관심을 받고 싶은 듯 외로워하는 느낌이다.
10 해답집을 보면서 자신이 푼 방법을 확인한다. "이렇게 하면 되는구나."

다. 코르펠라 선생님은 책상 사이를 돌면서 한 사람 한 사람의 진도를 파악하고 도움을 준다.

해답집 한 권이 교실 안을 돌아다니고 각자가 답을 확인한다. 학생에 따라서는 교사의 도움 없이도 혼자 해답집을 보고 푸는 방법을 이해할 수도 있다.

생각을 서로 가르쳐주기도 하고 해답집을 보기도 하지만 답만 보고 베끼는 사람은 없었다. 스스로 공부하는 태도가 모두의 몸에 배어 있었다.

종이 울려도 많은 학생들이 여전히 문제를 풀고 있었다. 물어보니, 두 시간 동안 이어지는 수업이라고 한다. 어린 학생들이 참 오랫동안 공부한다 싶어서 감탄할 수밖에 없었다.

Commentary

핀란드 vs 대한민국

완성도 높은 교육

학생들은 수업이 끝나도 두 시간짜리 수업이라고 계속 수업에 집중하고 있다. 마지막 학년이라 개인적인 취향이나 장기는 별개로 두고 자신의 미래를 향해 진지하게 공부하는 모습이다. 여전히 자유스러운 개인별 배움의 장이 펼쳐진다. 선생님은 일제식 설명 방식과 개인별 지도를 능숙하게 활용하여 교실이 진지한 배움의 장이 되도록 훌륭하게 감독하고 있다.

답만 보고 베끼는 학생을 찾아볼 수 없다는 점에 또다시 주목하게 된다. 좋은 평가 결과가 아니라 유익한 배움의 장에서 스스로 공부하는 모습이 확고하게 뿌리 내렸기에 가능한 일이다. 우리나라의 교실에서는 과연 언제 그런 모습을 볼 수 있을까? 수업 시간에 진행되는 일들을 구분해서 정리해보았다.

- 선생님의 설명
- 수업 과제 해결이라는 차원에서 이뤄지는 학생들의 문제 풀이
- 학생들의 질문과 선생님의 답변
- 문제를 통한 확인 학습
- 학생 사이의 토론
- 문제 풀이에 대한 확인과 보완 학습

앞에서도 지적했듯이 한국의 수업은 교사의 지도와 교사의 자습이 확실하게 구분되는 경우가 많다. 그렇지만 학생의 자습이 교사의 지도와는 따로 노는 경우가 대부분이다. 수업에 참여하는 정도도 미약한 편이다. 대부분의 학생들이 조용히 수업을 구경한 다음 혼자 공부하면서 실력을 쌓아간다. 과연 이런 방식에서 얼마나 효과적인 공부가 가능할까? 수업 시간에 학습 효과가 거의 완성되는 핀란드와 달리 수업은 시작일 뿐 자습을 통해 공부를 완성해야 하는 우리나라의 경우를 비교해보면 왜 한국 학생들이 훨씬 오랜 시간 공부를 하면서도 학력 수준이 오히려 핀란드에 미치지 못하는지, 그 이유를 알 수 있다.

대한민국 교육의 역사는 대립과 갈등의 역사로

점철되어 있다. 좌충우돌, 갈팡질팡이라는

표현이 무색할 정도로 난맥상을 보여왔다.

핀란드처럼 퇴행이 아닌 진화의 역사를 만들기 위해

우리에게 시급한 선결 과제는 무엇일까?

그렇게 되기 위해서는 우리에게 어떤 변화와

시도가 필요할까? 또한 이 문제를 어떻게

합의할 것인가? 정말 학생들을 위해

필요한 것은 무엇인가?

*5장은 해설자가 원작의 내용과 달리 새로 덧붙인 장입니다.
 핀란드 교육 모델이 현실적으로 우리에게 적용 가능한지, 대한민국 교육의 희망은 무엇인지에 대해
 진지하게 성찰하고 있습니다.

제5장

진정한 핀란드 배우기

들어가기 전에

　지금까지의 얘기가 주로 교실 안으로 국한되었다면 5장에서는 잠시 교실 밖으로 나와 우리 교육의 진정한 활로를 모색해볼 것이다. 그렇다고 새로운 논점을 제기하거나 논쟁을 유발하고 싶은 생각은 추호도 없다. 극도의 경계심을 가지고 조심스럽게 진정한 핀란드 배우기를 위해 고민했던 점들을 정리해보고자 한다. 원서에는 다음과 같은 목차로 매우 진지한 교육적 고민들이 충실하게 담겨 있다.

　　제5장 핀란드라는 거울에 비친 일본의 교육
　　　• 구성주의적 교육관과 전후 신교육
　　　• 신교육과 '메아리학교'
　　　• '신교육비판'이라는 이름의 '저학력비판'
　　　• 주입식 교육이 정착한 이유
　　　• 무차쿠 세이쿄우의 변신

- 정답은 하나?
- 오해받은 비고츠키
- 집단주의 주입
- 정해진 것을 가르치는 것이 교사의 역할?
- 아이들이 진리를 알 리 없다?
- 주입식 교육이 '저학력'을 만든다
- 학업성취도평가에서 드러난 사실
- 일본의 교육은 왜 변하지 않는가?
- PISA와 비슷한 '새로운 학력관'
- 왜 일본의 종합학습은 실패했나?
- 또다시 '저학력'에 대한 비판이 터져 나오다

내용을 하나하나 검토하면서 적잖은 타산지석을 발견했지만 그대로 싣기에는 한국과 일본의 차이가 꽤나 깊고 멀게 여겨졌다. 원서의 5장은 주로 일본 교육학계의 역사적인 쟁점을 다루고 있기에 과감하게 생략하고 우리 현실에 맞는 원고를 채워 넣게 되었다. 원작자에게 정말 미안한 마음을 갖는 동시에 이를 허락한 일본 출판사에 깊이 감사드린다.

최근 일본은 우리나라의 7차 개정교육과정과 유사한 유도리 교육과정을 공식적으로 폐기하기에 이르렀다. PISA 결과 확인된 저학력의 원인이 유도리 교육과정에 있다는 판단이 주로 작용했다. 이를 어느 철학자의 말을 빌려 표현하면 이렇다.

"물이 더러워져 목욕물을 버리려다가 아이까지 버린다."

교육의 본질적인 가치를 외면한 채 경쟁과 학력의 문제를 전면에 내세우면 반드시 악수惡手를 두게 된다는 역사적 교훈을 새삼 일깨우는 것으로 원작자의 의도를 대신하고 싶다.

핀란드 역사에서 배우기

우리와 비슷한 핀란드

《미래는 핀란드에 있다》에 나오는 대목이다. "핀란드는 OECD가 실시한 읽기, 산수, 과학 등 기초학력평가에서 유럽 지역 선두이며, 세계적으로 핀란드에 필적할 나라는 한국밖에 없다." 핀란드와 한국을 비교하는 이런 기사가 언론에 자주 나온다. 특히 PISA 결과가 공개된 다음부터 핀란드와 한국의 교육에 대한 관심이 세계적으로 고조되고 있는 분위기이다.

역사적으로 보면 핀란드와 한국은 몇 가지 점에서 비슷하다. 강대국의 식민지를 거쳐 좌우익의 대립으로 인한 극심한 민족 내 갈등과 대립의 역사를 공유하고 있다. 핀란드 사람들은 자국을 식민지로 만든 러시아와 싸워 이긴 일본에 대해 호감을 갖고 있지만 우리는 역사적으로 그 일본에 대해 여전히 호감을 갖기 어렵다는 점만 제외하면.

교육적인 측면에서도 귀족학교와 평민학교가 분명하게 구분되는 시기를 거쳐 평준화 정책을 시행한 역사도 비슷하다. 영어 교육에서도 유사점을 찾을 수 있다. 핀란드가 1980년대 초반까지도 우리나라와 다를 바 없는 비실용적인 영어 교육을 해왔다는 점이 놀랍기만 하다. 어떻게 그렇게 단기간에 세계 최고 수준의 영어 교육으로 극적인 변화에 성공할 수 있었을까?

뒤에서 다시 설명하겠지만 사회적 합의와 실험의 문화에 대해 알고 나서 비로소 그 이유를 분명하게 파악하게 되었다. 하지만 지금 핀란드와 한국은, 특히 교육 영역에서는 정말 정반대의 길을 가고 있다.

교육제도의 진화

핀란드 교육개혁의 역사를 핵심만 요약해본다. 핀란드는 10년 주기로 교육개혁을 꾸준히 진행해왔다. 1970~1972년에 도입된 국가교육 과정은 새로 시도되는 종합학교교육을 지원하기 위한 것이었다. 엄격한 국가 기준을 마련하고 적용했으며 중앙집권적인 방식으로 진행되었다.

다음 단계의 개혁은 1985년부터 시작되었다. 수준별 반 편성을 폐지하고 중앙집권적 규제의 약화를 특징으로 한다. 하지만 국가 차원의 장학지도는 유지하는 정책을 펼쳤다.

현재의 핀란드 교육은 1994년부터 시작된 3기 교육개혁의 산물이다. 3기 교육개혁은 지방분권의 가속화와 학교 자치를 대폭 강화하는 방향으로 전개되었다. 덕분에 학교마다 특징 있는 교육 방식이나 수업 모형을 도입할 수 있게 되었다. 앞에서 소개한 스트론베리 초등학교의 프레네 방식도 그래서 가능했던 것이다.

참고로 이야기하면 학교 수업에서 교사의 자율적 교과과정 편성과 운영의 역사는 2차 대전이 끝난 후 20년 가까운 기간 동안 사회적 토론을 거쳐 얻은 결론으로 정권이 교체되어도 바뀌기 어렵다고 한다. 장학지도 대신에 학교 자체 평가를 실시하게 된 것도 이때부터이다.

핀란드 교육개혁의 역사를 보면서 갖게 된 여러 생각의 핵심에는 합의와 진보의 문화가 자리 잡고 있다. 역사는 진보한다는 말이 그대로 들어맞는다. 중심 이동을 하면서도 정말 절묘하게 지난 역사를 밑거름 삼아 새로운 역사를 발전시킨 모습이 아름답기만 하다.

교육적인 이슈를 가지고 소모적인 논쟁을 하거나 지나치게 대립하는 것을 핀란드 사회는 결코 용납하지 않는다. 그런 사회적인 공감대가 분명히 있었기에 순조로운 진화의 역사로서 교육개혁이 가능했으리라는 추측을 해본다. 우리 현실에서 가장 절실하고 아쉽고 안타까운 대목이기도 하다.

전혀 다른 내용으로 전개되었지만 우리 교육의 역사는 대립과 갈등의 역사로 점철되어 있다. 어떤 방향성을 가지고 꾸준히 발전해온 것이 아니라 좌충우돌, 갈팡질팡이라는 표현이 무색할 정도로 난맥상을 보여왔다. 교실 밖으로 한 발짝만 나와도 결코 합의할 수 없다는 내 말에 수긍하지 않을 사람이 과연 얼마나 될까?

핀란드처럼 퇴행이 아닌 진화의 역사를 만들기 위해 우리에게 시급한 선결 과제는 무엇일까? 그렇게 되기 위해서는 우리에게 어떤 변화와 시도가 필요할까? 또한 이 문제를 어떻게 합의할 것인가? 정말 학생들을 위해 필요한 것은 무엇인가? 이런 것들을 서로 확인하는 과정의 필요성을 제안하고 싶다.

첨언하면 우리에게 가장 절실한 교육적 과제는 바로 합의 문화를 만드는 것이라고 굳게 믿는다. 상호 견제와 극복의 관계가 아니라 제3의 길을 찾아 진지하게 실험하고 일단 진심으로 동의할 수 있는 부분을 조금이라도 찾아나가려는 노력에 희망을 걸어본다.

핀란드의 교육철학

본래 의도에는 다소 벗어나지만 교육철학의 문제를 잠시 언급해본다. 핀란드 사람들이 교육개혁을 추진하면서 했던 생각들의 단편들을 통해 뭔가 배울 수 있으리라고 믿기 때문이다.

미국과 영국을 중심으로 1980년대부터 신자유주의적 교육개혁에 집중하는 경향이 나타났다. 교육에도 경쟁과 효율성을 강조하는 흐름이 대세를 장악한 것이다. 표준화된 평가를 통해 경쟁을 압박함으로써 학업성취도를 향상시키겠다는 전략이 핵심이다. 하지만 핀란드는 그런 흐름에 동참하지 않았다. 독자노선을 선택한 것이다. 핀란드 교육개혁의 기본방향은 다음과 같다.

- 복지 차원의 접근과 평등주의적 관점의 견지
- 학급당 학생 수를 줄이는 등 교육 여건 개선에 주력
- 교육과정의 자율성과 유연성 높이기
- 교사의 전문성 제고와 자율성 키우기

현실에서는 포용과 관용의 정신을 최고의 교육적인 덕목으로 구현하려고 노력했다. 서로 존중하며 함께 살아가는 법을 배우는 교육을 강조했다. 핀란드 교육의 대명사 격인 종합학교에서의 통합교육도 그

런 맥락에서 나온 것이다.

여기서는 학교 공동체 안에서의 인격적 자존감과 학습에 대한 흥미와 동기의 관리, 다양한 학생 사이의 인간적 교류가 그 무엇보다, 그 어떤 효율성보다도 중요하다는 확고한 교육철학이 있다. 교육 당국이나 학교 그리고 교사는 어떤 이유로든 학생 개인이 소외되거나 차별받게 해서는 안 된다. 역차별을 방지하기 위해 영재들에 대한 특수교육도 실시한다. 하지만 소수의 음악 영재를 제외하고는 모두 종합학교에서 통합하여 가르친다는 사회적 합의가 있다. 불필요한 우월감을 갖지 않도록 말이다.

아무리 뛰어난 영재라도 부족한 학생들을 돕고 이끌면서 학습 공동체 전체의 발전을 위해 역할하게 하는 것이 최고의 영재교육이라는 생각이 바탕에 깔려 있다. 학생 한 명 한 명에게 헌신적인 학교를 만들기 위한 노력이 바로 핀란드 교육개혁의 원동력이 아닌가 생각된다.

그 결과 핀란드는 우리 교육은 물론 전 세계적으로 고심하고 있는 수월성과 형평성의 동시 추구에 성공한 것으로 평가된다. 이처럼 우리 교육의 과거가 좌충우돌에 따른 혼란과 난맥으로 퇴행적인 후퇴의 길을 걸은 반면 핀란드 교육의 역사는 긍정적인 방향으로 진화해왔다.

평가와 경쟁력

교육개혁의 역사 못지않게 한국과 핀란드의 차이점은 평가에 대한 관점에서 역력하게 드러난다. 결론부터 말하면 이미 다양하고 진지한, 오랜 검증 과정을 거쳐 핀란드에서는 폐기한 제도를 우리나라는 어떻게든 도입하려고 애를 쓰고 있다. 도대체 왜 그런 일이 벌어지는 것일까?

교원평가에 대해서

1980년대 중반부터 1990년대 중반까지 핀란드에서도 지금의 우리처럼 각종 장학지도를 실시했다. 하지만 객관적이고 공정한 평가가 불가능하다는 판단과 더불어 득보다 실이 많다는 판단을 하게 된 것으로 보인다.

유반푸이스톤 학교의 사례를 살펴보자. 그 학교에서는 3년에 한 번씩 평가를 실시한다. 교사와 학부모 그리고 학생을 대상으로 종합적인 평가를 실시하는 것이다. 교사의 역할 수행, 학교의 학습 환경, 학생들에 대한 동기부여 등이 평가의 목적이다. 주요 평가 영역은 다음과 같다.

- 학교와 가정의 의사소통에는 문제가 없는가?
- 학교운영과 교육활동에 대한 학부모, 학생, 교사의 생각은 어떤가?
- 학생과 교사는 서로 잘 협력하고 있는가?
- 교육과정의 운영에는 별문제가 없는가?
- 좀 더 발전시켜야 할 것은 없는가?
- 학교장의 리더십에는 문제가 없는가?

핀란드에서는 문제점을 찾아서 보완하는 것에 초점을 맞추고 자체 평가 결과를 분석하여 교육의 질을 높이기 위해 무엇이 필요한지를 고민한다. 평가 결과가 문제가 되어 퇴출당하는 교사가 전혀 없는 것은 아니지만 정말 극소수에 불과하다고 한다. 우리나라에 도입하려는 교원평가와 사뭇 다른 모습을 확인할 수 있다. 성적으로 환산하고 서열을 매겨 그 결과를 바탕으로 무언가를 하겠다는 발상은 전혀 보이지 않는다. 이미 완벽하게 극복했다고 보는 것이 옳을 것 같다. 이처럼 핀란드에서는 교원평가보다 교사의 전문성 강화에 승부수를 띄운다.

잠시 핀란드 교사들의 여러 면모를 살펴보자. 핀란드 교사들은 한국의 의사나 대학 교수에 준하는 사회적 지위를 확보하고 있다. 미국과 영국은 학교장과 학교운영위원회의 권한을 강화한 반면 핀란드는 교사들의 권위를 존중하고 권한을 강화하는 방향으로 제도 개선을 이루어 왔다. 교과서 선택에 있어서도 독점적인 권한을 행사하며 다른

OECD국가들에 비해 수업 내용의 결정, 학생 평가, 학교 단위 교육과정의 결정, 학교의 예산 편성에서 강한 발언권을 행사한다. PISA 결과 일선 학교와 현장 교사의 권한이 강한 나라일수록 교육적 성취가 앞서는 것으로 분석되었다.

이렇게 볼 때 교원평가 제도를 통해 교직 사회의 개혁을 촉발하겠다는 우리 사회의 발상에는 위험성이 깃들어 있다. 어떤 의견이나 주장을 하는 것이 아니라 핀란드 사례를 순수한 마음으로, 정직하게 공부해보아야 한다는 제안을 하려는 것이다.

기초학교에서의 서열화 금지

핀란드에서는 기초학교에서의 성적 경쟁을 철저히 배제하고 있다. 성적을 집계하고 분석하지만 서열을 매기지는 않는다. 획일적인 기준으로 평가하는 것 자체가 불가능하다는 생각까지 욕심내고 싶지는 않다. 하지만 그런 평가의 부작용 또는 폐해에 대한 인식은 깊이 고민해봐야 한다. 핀란드에서도 경쟁의 순기능을 전적으로 부정하지는 않는다. 하지만 현실에서 나타나는 경쟁의 역기능이 워낙 심각하기에 철저히 금지시키는 것이다.

첫째, 사고력을 약화시켜서 깊이 생각할 수 있는 여유를 빼앗는다는 핀란드 교육의 지적은 타당하지 않은가? 시험에 나오지 않으면 공부하지 않는 태도가 이를 잘 입증해주고 있다.

둘째, 핀란드 교육학계는 경쟁이 협동의 능력을 기를 수 있는 기회를 빼앗는다고 믿는다. 우리는 경쟁에서 이겨야 한다고 가르친다. 거두절미하고 경쟁에서 끝까지 이겨 사회 지도층 인사가 된 사람들의 도덕적 불감증을 그대로 두고도 우리나라가 발전할 수 있다고 믿는가?

셋째, 핀란드 교육학계는 경쟁이 심각한 스트레스를 유발하고 공부에 대한 부정적인 태도를 낳는다고 판단한다. 학교에 가기 싫어하는 학생, 공부가 정말 끔찍이도 싫은 학생이 한국에는 넘쳐난다. 다른 요인들도 많지만 원치 않는 경쟁이 낳은 당연한 현상들이다. 그대로 두어도 좋은지 깊이 반성해볼 일이다. 학교 현장에서 지나친 경쟁이 빚어지지 않도록 각별히 주의한다는 말에 우리는 언제쯤 귀를 기울이게 될까?

오히려 상대평가를 금지함으로써 얻게 되는 교육적 이득을 핀란드 사람들은 주장한다. 그래도 교육과정을 제대로 운영할 수 있다고 말한다. 시험을 위해서가 아니라 자신에게 도움이 되는 것이 공부라는 인식도 상대평가를 배제한 상태에서는 가능할 것으로 보인다. 경쟁에서 앞서면 된다는 생각은, 비교 우위만 점하면 된다는 생각은 학습적 해이를 낳을 가능성이 매우 높다. 하지만 자신의 발전을 위한 공부에는 상한선이 없다.

역시 지금의 우리로서는 언감생심, 그러나 결코 외면할 수 없는 주장이 아닌가? 평가와 성적이라는 괴물이 우리나라 교육을 집어삼킨 지 이미 오래되었기에 그 폐해를 거의 인식하지 못하는 지경으로까지 악화되었다.

일선에서 학생과 학부모들을 만나보면 그 심각성을 절감하게 된다. 오로지 성적이다. 제대로 된 교육, 진정한 교육을 이야기하는 것 자체가 거부감을 유발할 지경이다. 마치 건강에 심각한 위험이 되더라도 운동보다는 약을 먹고 살을 빼고 싶다는 식이다. 금방 부작용이 나타난다

하더라도 당장 효과를 볼 수 있다면 마다하지 않겠다는 식이다.

  이런 말을 하는 것 역시 어떤 대안을 주장하기 위해서가 아니다. 핀란드가 그토록 두려워하는 평가와 서열화의 문제를 우리도 정말 진지하게 검토해봐야 한다고 울부짖는 것으로 이해해주기 바란다.

격차 줄이기와 벌리기

가고 싶은 학교를 만들려면

한국은 차이를 더 벌리기 위한 노력에 박차를 가하고 있다. 격차를 벌리고 그 차이를 확인하여 경쟁으로 내모는 전략을 선택하고 있다. 하지만 핀란드는 격차를 없애기 위해 애씀으로써 결국 모든 격차를 개인의 노력 차이 외에는 달리 설명할 수 없는 수준으로까지 발전했다. 그런데 핀란드는 정말 단 한 명의 학생도 포기하지 않을까? 핀란드의 격차 줄이기, 단 한 명도 포기하지 않겠다는 의지의 표현을 다시 정리해보자.

- 장기 결석생들을 위한 대책 마련
- 특별지원교사들의 노력
- 신체적 학습장애자에 대한 배려
- 급식(이슬람교도들을 위한 메뉴, 채식주의자들을 위한 메뉴)
- 수업 방해 학생들을 위한 특별수업

이런 노력들은 과연 어떤 의미를 가질까? 올바른 해석이 매우 중요하다고 판단된다. 학교라는 공간이 주는 느낌에 주목해야 한다. 학생 개개인에 대한 배려와 존중은 학생들의 정신상태를 쾌청하게 유지시키는 데 매우 중요한 역할을 할 것이다. 무관심과 그에 따른 소외가 일상화된 대한민국의 학교와 비교하면 정말 하늘과 땅 차이라고 해야 하지 않을까? 소수를 위한 배려를 통해 다수가 건강하게 성장할 수 있는 분위기, 곧 학생들에게 자신이 사랑과 지지를 받고 있다는 느낌을 준 것이 핀란드의 성공 원동력이라는 생각이 든다. 또한 낙오자를 어떻게 해서라도 막으려는 노력의 의미는 결코 우수한 학생들의 희생을 요구하는 것이 아님을 확인할 수 있다.

- 피그말리온 효과를 만끽하고 있는 핀란드 학생들
- 말이 아니라 실제로 학생 한 명 한 명을 소중하게 생각하는 선생님
- 아무리 늦어도 다그치지 않고 기다리는 선생님
- 늘 유쾌하고 유익한 공부 경험을 제공하기 위해 노력하는 선생님

가기 싫은 학교가 아니라 가고 싶은 학교가 될 수 있는 결정적인 이유가 바로 여기에 있다.

격차 줄이기와 최상위권

일단 핀란드의 판단은 하위권을 위한 노력이 상위권에게도 손해를 끼치지 않는다는 것이다. 하지만 보다 적극적인 해석이 필요하다.
핀란드는 어떤 기준 없이 스스로 자기 성취를 위해 공부하는 최상위

권에게는 쉽게 방심이 나타나지 않는다고 믿는다. 평가와 객관적인 기준이 아닌 자기 분석과 피드백을 통한 개인별 학습으로 실력 향상이 가장 순조롭게 이뤄지기 때문이다. 또한 하위권만을 위한 교육이 아니라 학생 한 명 한 명을 소중하게 생각하는 교육을 통해 진정한 배움이 가능하다고 믿는다. 서로 가르쳐주고 배우는 과정에서 더욱 충실한 배움이 가능한 협동 학습은 격차 줄이기 정책이 선행되어야 비로소 가능하다. 그렇지 않을까?

핀란드의 교육은 자기 생각을 보다 확실히 할 수 있고 잘못된 지식이나 생각은 바로잡을 수 있으며 비판적이거나 새로운 관점을 갖기에 유리한 협동 학습의 장점을 쉽게 포기해서는 안 된다고 주장한다. 개방적인 태도와 사회성 함양으로까지 이어지는 협동 학습을 위해서도 격차 벌리기 정책은 신중하게 재검토되어야 할 것이다.

격차에 대한 핀란드의 생각

모든 판단 기준에는 '미래 지향적인 인재로 성장할 아이들'이라는 믿음이 확고하게 자리하고 있다. 경쟁을 시켜서 뒤처지면 자르겠다는 압박을 가하기 전에 다시 한 번 핀란드 교육의 학생 중심주의를 생각해보자.

제도는 물론이거니와 군림하는 관료는 보이지 않는다. 가르치는 선생님이 가장 존경받고 그들을 지원하는 사람만이 눈에 띈다. 또한 학생들을 잘 가르치기 위해 최대한 협력한다. 모든 것을 학생의 배움을 위해 맞춘다. 스스로 배워서 성장하라는 분위기가 곳곳에서 확인된다. 저학년과 같이 배워도 자존심 상해하는 학생을 볼 수 없다. 반 구성과 수업 방식에서도 학생 개개인은 철저하게 보호된다. 철저한 학생 중심주의를 여실히 느낄 수 있다.

서로 다르므로 비교할 수 없다는 판단은 개인에게는 너무도 소중한 신뢰감의 표현으로 다가올 것이다. 개인적인 차이로 인해 불리한 취급을 받지 않을 것이라는 믿음은 공부 의욕에 밑거름이 된다. 학생들의 자발적인 학습 동기를 소중하게 생각하는 핀란드의 노력은 너무도 위대하다. 역설적으로 학생들에게 어떤 핑계거리도 주지 않는다는 점에서 치밀함이 엿보인다.

자발성을 요구하기 전에 먼저 강요하지 않아야 한다는 원칙을 정말 철저하게 실천하고 있다. 학생을 단순한 피교육자가 아니라 교육의 파트너로 인정하는 모습에서 우리는 핀란드 학생들의 자기주도성이 어디에 토대를 두고 있는지 확인할 수 있다. 가르치는 것이 아니라 돕는다고 생각하는 핀란드 선생님들이 바로 교실 현장에서 피그말리온 효과를 일으키고 있는 것이다.

격차 이전의 문제

소박하게 차이점을 말하면 언행일치와 언행불일치를 가장 먼저 꺼내고 싶다. 이미 개인적인 노력과는 무관하게 성패가 결정되는 구조를 외면한 채 모든 잘잘못을 개인에게 돌리는 모습이 우리 사회에는 너무도 흔하다.

조금은 생뚱맞은 제안일지 모르지만 핀란드에서 시도한 격차 줄이기 정책의 핵심을 먼저 시행해본 다음에 격차 벌리기를 했으면 좋겠다. 정말 경쟁을 포기할 수 없고 결국 격차를 벌려야 속이 시원하다면 일단 모든 학생들에게 제대로 된 기회를 준 다음 경쟁시키는 것이 옳다는 말이다.

이미 낙오자가 결정된 마당에 격차 벌리기를 더욱 가속화시키면 결국 절망과 반발 외에 기대할 것이 무엇이 있겠는가? 제대로 된 교육을 하기 위해 우선적으로 필요한 조치들을 정리해본다.

1. 교육과정에 대한 재해석이 필요하다. 무조건 따라야 할 체계적, 계통적인 진리라고 계속 주장하면 기존 교과과정에 관심을 갖기 어려운 대다수의 학생들은 낙오자가 된다. 교과과정은 기준일 뿐 학생들의 관심과 이해 정도에 따라 충분히 수정·보완이 가능해야 낙오자를 줄일 수 있다.

2. 동기부여에 대해서도 짚고 넘어가자. 현실의 우리 교육은 학생 개개인의 동기부여에는 거의 관심을 보이지 않는다. 피교육자로서 의무감을 가지고 당연히 열심히 공부해야 한다는 말만을 앵무새처럼 되풀이하고 있을 뿐이다. 역시 수없이 많은 학생들이 동기부여를 받지 못한 채 낙오자가 되고 만다. 학생 개개인의 자발적인 관심과 흥미를 유발하기 위해 우리는 과연 지금까지 무엇을 해왔는가? 학생 개인의 책임으로 돌리지 말고 이제부터라도 동기부여의 문제를 학교와 교사의 몫으로 인식해야 한다.

3. 수업과정에 대해서도 생각해보자. 교사가 교과과정을 효과적으로 전달하는 것이 수업이라면 별다른 개선이 필요치 않을 수도 있다. 하지만 기존의 수업 모델에 관심을 보이지 않는 다수 학생들은 역시 낙오자가 되고 만다. 학생들의 관심과 참여를 유도하기 위해서는 어떤 변화가 필

요한지를, 낙오자라는 낙인을 찍기 전에 먼저 기회를 준다는 차원에서라도 진지하게 고민해봐야 한다.

4. 과연 진정한 교사의 역할은 무엇인가? 표준 교육과정의 전달자로만 역할하는 교사들에게 학생들은 이미 많이 실망한 것으로 보인다. 그래서 그들은 보다 인간적인 느낌을 주는 사람을 찾아 이리저리 헤매고 있다. 학생들에게 인간적인 관심을 보이고 의욕을 북돋워줄 수 있는 조력자로서의 교사상이 시대적인 요구라는 사실을 더 이상 외면해서는 안 된다.

5. 모범적인 학생 모델도 재정립해야 한다. 표준적인 교육과정을 교사의 지도에 따라 전면적으로 수용하는 학생이 모범 학생으로 계속 인식된다면 조만간 한국형 인재의 국제 경쟁력은 약화될 것이 확실시된다. 자기주도적인 배움의 주체로서, 스스로 공부하고 그 과정에서 협동심은 물론 창의력과 비판정신을 기른 학생들이 새로운 모범 학생의 전형이 되어야만 우리 교육은 제대로 된 인재를 양성할 수 있을 것이다.

6. 마지막으로 평가 방식 역시 경쟁력 있게 재편해야 한다. 표준 교과과정에 대한 획일적이고 집단적인 평가는 매우 효율적이고 서열화에 매우 합리적인 도구로 기능한다. 하지만 그런 평가로 인해 불가피하게 나타나는 부작용이 얼마나 심각한지 이제는 진지하게 살펴볼 때가 되었다. 아무리 어려움이 있더라도 개인별 맞춤형 평가를 실시함으로써 도태시키겠다는 압박이 아니라 발전을 위한 개선방안을 피드백하는 평가 방법이 도입되어야 한다. 누구나 인정할 수 있는, 정말 발전적이고 수긍할 수 있는 평가 결과를 바탕으로 압박을 가한다면 분명 다른 양상이 전개될 것이다.

낙오자 만들기가 일상화된 우리 교육과 한 명의 낙오자도 허용하지 않는 핀란드 교육을 비교하는 것 자체가 무리라는 생각이 든다. 하지만 낙오자만의 문제가 아니라 우리 교육의 진정한 발전을 위해 필요한 것을 하나라도 찾아보자는 차원에서 핀란드의 낙오자 방지 노력을 바라보기 바란다. 아전인수식의 해석이 아니라 겸손하고 진지한 핀란드 배우기가 너무도 절실하다.

한국에서 싹트는 가능성

일본에는 아키타 현, 우리나라는?

 지난 2007년 43년 만에 부활한 일본의 전국학력평가에서 이변이 일어났다. 결과 발표를 앞두고 사과 기자회견을 생각하던 아키타 현 교육청장은 의외의 결과에 당황했다고 한다. 아키타 현이 꼴찌를 할 것으로 예상했는데 일등을 한 것이다. 그때부터 아키타 현은 일본의 핀란드로 불리기 시작했다. 우리 언론을 통해 소개된 아키타 현의 교육과 핀란드 교육의 비슷한 점을 정리해본다.

 1. 우선 학급당 학생 수를 줄여서 교사들의 부담을 줄이고 좋은 환경을 만들기 위해 노력했다.
 2. 집단 따돌림, 교내 폭력, 그리고 학생과 교사의 갈등을 최소화하여 학생들이 가고 싶은 학교 분위기를 조성하는 데 성공했다.
 3. 끊임없이 연구하고 노력하는 선생님들이 있다. 학교 수업이 끝났지만 방과 후 지도 및 가정학습까지 신경 쓰는 선생님들이 있다. 단순한 지식

의 전달보다는 스스로 공부하는 법을 익힐 수 있도록 지도한다. 가르치는 것으로 끝나지 않고 학습 효과를 책임지려는 선생님들의 열의가 보인다. 선생님들은 집에서 공부하면서 기록한 학생의 개인별 가정학습 노트를 꼼꼼히 점검해주고 격려의 말을 아끼지 않는다.

4. 한 명의 낙오자도 생기지 않도록 다각도의 노력을 기울인다. 심리치료는 물론이고 다양한 분야의 전문가들이 힘을 보태고 있다.

5. 교장실이 늘 개방되어 있으며 교장 선생님도 일부 수업을 한다. 그렇게 교사 및 학생들과 친밀감을 형성한다.

6. 지역사회와 학부모 그리고 학교가 교육 문제 해결을 위해 함께 노력한다.

7. 좋은 결과가 입증된 다양한 교육 방식과 제도를 도입하는 데 주저하지 않는다.

자연환경도 핀란드와 유사한 아키타 현이지만 핀란드 교육과는 다른 점이 엿보인다. 수준별 수업이 그것이다. 얼핏 보면 큰 차이로 여겨진다. 핀란드에서는 수준별 수업을 폐지한 지 오래지만 아키타 현에서는 이것을 매우 중요한 교육 경쟁력 강화 방안으로 평가한다. 하지만 기본 정신은 핀란드와 매우 유사하다.

수준별로 학생을 구분하되 학생들이 그런 사실을 거의 느끼지 못하게 치밀하게 배려한다. 오히려 팀 단위로 가르침으로써 핀란드의 협동학습 모델을 잘 응용했다. 한때 화제가 된 전북 임실의 기적이 너무도 허무하게 성적 조작으로 판명나면서 '한국의 핀란드'라는 표현이 잠시 나오다가 사라지고 말았다. 먼 핀란드보다 가까운 아키타 현의 성공 사례를 통해 또한 배워야 한다. 우리로 치면 강원도 학생들이 서울 학생들을 앞선 사례가 바로 아키타 현의 교육이다. 그래서 진지하게 배워야 한다.

한국에서는……

한국에는 아직 핀란드의 성공 사례와 견줄 만한 일이 벌어지지 않고 있다. 안타까울 따름이다. 하지만 최근 시도되고 있는 방과 후 학교의 성공 사례들을 보면 우리에게도 희망이 있음을 확인할 수 있다. 아쉬운 점은 학교의 정규 수업은 여전히 변화를 거부하는 것 같다는 점이다.

자료도 부족하고 평가자의 역량에도 한계가 있지만 핀란드의 성공 사례에 비춰, 그래도 의미 있는 시도들에 대한 긍정적인 평가를 해보고자 한다. 평가라기보다는 아낌없는 칭찬이라는 말이 더 어울릴 것 같다. 앞서 지적한 것처럼 우리나라 교실에서 진행되는 정규 수업은 여전히 학생의 개성을 무시하는 집체교육과 획일적인 교과서 수업의 문제점을 그대로 보여주고 있다. 하지만 정규 수업의 굴레에서 벗어나 시도되고 있는 다양한 방과 후 수업에서는 새로운 가능성의 싹이 무럭무럭 자라고 있다.

우선 현직 교사들의 새로운 시도와 노력에 주목하게 된다. 학급당 학생 수가 적은 방과 후 수업이기에 다양한 시도가 의미 있는 결실을 맺을 것이라는 희망을 갖게 한다. 개인별 맞춤형 지도가 가능하며 획일적인 주입식 교육의 한계를 극복할 수 있는 가능성이 주어졌다는 점에서 매우 고무적이다. 학교 내에 학원을 차린다는 비판을 무시할 수는 없지만 새로운 시도마저 포기하기에는 우리의 교육 현실이 너무도 암담하다.

 군림하는 교사가 아닌, 학생들의 발전을 돕고 지원하는 교사의 모습을 방과 후 수업에서는 자주 보게 된다. 물론 개인의 인기 관리 차원이라는 지적이 전혀 근거 없는 것은 아니지만 그래도 학생의 반응을 고민하는 것 자체만으로도 분명 진일보라고 생각한다. 수업 방식의 혁신을 통해 학생들의 흥미를 유발하고 관심을 이끌어내려는 노력에 진심으로 박수를 보낸다.

 다양한 교구를 활용하여 재미를 더하고 참신한 교재를 개발하여 관심을 유도하는 노력에 박수를 보낸다.

 이론과 현실을 연결시키고 다양한 활동을 통해 살아 있는 수업을 진행하는 모습도 기대를 낳기에 충분하다. 학생들을 존중하는 분위기도 학생들에게 매우 긍정적으로 작용했을 것이다. 수요자 중심의 강좌를 개설한다는 원칙에 따라 학생들의 관심을 기본적으로 반영한 교과과정이 개설되고 운영된다는 점도 눈여겨볼 만하다.

 또한 수업 결과에 대한 학생들의 평가도 무조건 부정적으로만 볼 일이 아님을 확인할 수 있다. 비교가 아니라 보완·발전을 위한 평가에 학생들의 참여는 필수적이기 때문이다.

 종합적으로 보면 앞에서 설명한 아키타 현의 사례와 견주어 우리의 방과 후 학교의 성공 사례는 여전히 미약하기만 하다. 하지만 우리가 최소한 교실 밖이 아니라 교실 안에서 학생들에게 할 수 있는 일들을 핀란드 교육에서 찾아내 선도적으로 시도함으로써 그 효과를 검증할 수 있다는 측면에서 결코 그 의미를 작게 봐서는 안 된다.

현실적인 핀란드 배우기

몇 가지 제안을 해보고 싶다. 교사 주도의 일방적인 수업이 아닌, 학생들의 관심과 참여도를 높이기 위해서는 어떤 변화가 필요할까? 학생들이 좋아하는 재미있는 수업을 만들어야 교실이 살고 학교도 살고 교사도 산다. 수업을 했으니까 할 일 다 했다가 아니라 학습 효과를 높이기 위해서는 어떤 보완이 필요한가를 생각해봐야 한다. 학교 수업과 그 연장선상에서 진행되는 선생님들의 관심과 노력만으로도 실력을 쌓을 수 있다는 믿음이 생겨야 학생들이 더 이상 학원 주위를 방황하지 않게 될 것이다.

학교에 가기 싫어하는 학생들이 뭔가 기대와 관심을 가지고 학교에 오게 하려면 과연 어떤 노력을 기울여야 하는지도 아울러 생각해봐야 한다. 스승의 날에 찾아가는 선생님이 학원 선생님이 아니라 학교 선생님이 되기 위해서는 학교 교사들이 학생을 대하는 태도와 분위기에 일대 혁신이 필요하다.

아키타 현의 성공 사례를 보면서 좀 더 현실적인 접근의 필요성을 느낀다. 방과 후 학교의 성공 사례에서 배울 수 있는 점을 중심으로 대한민국 교실 개혁의 키워드를 몇 가지 제시해본다.

1. 학생의 내면 학생들의 내면에 관심을 가져야 한다. 교사들의 강압적인 통제나 일방적인 주입식 수업이 과연 학생들의 내면에 어떤 반응을 일으키는지 교사들이 알아야 한다.

2. 학생 개인 학생 전체가 아니라, 학교나 학급의 평균이 아니라 학생 개개인에게 관심을 갖기 위해 노력해야 한다. 선생님 입장에서는 수많은

학생들 중 한 명일 수 있지만 학생 입장에서는 자신의 선택이 아닌, 제도적으로 정해진, 정말 막강한 영향력을 행사하는 단 한 명의 존재가 바로 선생님이기 때문이다.

3. 학생의 흥미 학생들이 과연 무엇에 관심과 흥미를 느끼는지 선생님들이 좀 알아야 한다. 재미를 찾아주기 위해 분투하는 사교육 강사들과의 경쟁을 의식해서가 아니라 최소한 지겹고 따분한 수업이라는 혹평에서는 벗어나야 하지 않겠는가?

4. 학생의 성적 학생들의 성적이 부진하면 반 평균 성적이 떨어진다고 학생 개개인을 탓할 것이 아니라 선생님이 책임감을 느껴야 한다. 나는 잘 가르쳤는데 네가 열심히 하지 않아서 그랬다는 식의 태도는 이제 버리자. 조금이라도 학생들의 실력 향상에 도움이 되기 위해 필요한 것이 무엇인지 고민하고 모색하는 선생님들이 되기를 간절히 바란다.

■ 해설자 에필로그

죄송함, 안타까움 그리고 약속

감상 1 - 죄송함

정말 많은 원고를 버렸다. 혹시 오해의 소지가 있을까 봐 조금이라도 우려되는 내용은 아깝지만 과감하게 버렸다. 하지만 출판 전에 고견을 들려주었던 선생님들에게서 다음과 같은 지적을 받고 다시 고민에 빠졌다.

"핀란드에 다녀온 적도 없으면서 핀란드를 지나치게 미화하고 우리 교육에 너무 냉소적이다. 우리의 학교 현실, 선생님들의 고충을 모르면서 너무 무리한 요구를 하고 있다."

건강하고 생산적인 논의를 별로 경험하지 못한 사람으로서 어찌 보면 피해 의식을 갖게 되었을지도 모르겠다. 핀란드에 대해 잘 알지 못하는 사람이 괜한 소리를 해서 소모적인 분란을 일으키는 것이 아닐까 하는 걱정이 불안감으로까지 연결되었다. 수시로 입시제도가 바뀔 때마다 온갖 상처만 남기는 논란이 불거지고 교육 관련 이슈가 제기될 때마다 구심력보다는 원심력이 발휘되는 현실에 좌절해온 탓일까!

다시 한 번 분명히 해야 할 것 같다. 해설자는 핀란드 교육 전문가가 아니다. 또한 핀란드에 다녀온 적도 없다. 열악한 현실에서 고전하시는 현직 선생님보다 대한민국의 교실 현장에 대해 아는 것이 적다. 결론적으로 말하면 핀란드 교실과 한국 교실을 비교하는 원고를 쓰기에는 적합하지 않을 수도 있다. 책임 있게 핀란드 교육을 이야기할 수 없는 사람이 과욕을 부렸다는 사실을 인정한다. 혹시 핀란드 전문가인 척하거나 핀란드에 다녀온 것 같은 오해를 낳는 부분이 있다면 해설자의 욕심을 비난하기 바란다. 또한 우리나라 교직 사회의 현실을 모르는 사람의 이상론에 불과하다는 지적에 대해서도 반론을 펴고 싶지 않다. 다만 해와 달이 아니라 손가락의 문제를 지적하는 일이 없기를 간절히 소망할 따름이다.

만약 원고를 검토해주신 선생님들의 의견이 부정적인 쪽으로 대부분 기울었다면 아마 출판을 포기했을 것이다. 하지만 고맙게도 해설자의 의도를 긍정적으로 읽어주시고, 뜨거운 격려와 성원을 보내주셨기에 이렇게 에필로그를 쓰게 되었다. 원작자가 많은 수고를 거쳐 우리에게 보여준 핀란드 교실에서 우리는 과연 무엇을 배울 수 있을까? 무엇을 배우려고 노력해야 할까? 이런 해설자의 의도를 온전히 받아주기를 거듭 희망할 따름이다. 아울러 약해지는 출판의지에 힘을 보태주신 분들, 추천사를 써주신 심상정 대표님, 이범 선생님, 함영기 선생님, 정병오 선생님, 이상현 장학사님께 진심으로 감사의 인사를 전한다.

감상 2 - 안타까움

〈중앙일보〉와 함께 진행하는 공부개조 프로젝트 시즌 2에 해당하는 '수능 1등급 만들기 프로젝트'에 참가하는 모 외고 2학년 학생과 상담하면서 들은 얘기가 떠오른다. 그 학생은 특목고에 진학한 것을 최고의 선택이었다고 자랑했다. 그 학생은 치열한 경쟁을 분명 힘겹게 느끼면서도 모두 열심히 공부하는 분위기와 열의에 찬 선생님들의 상호작용에 대해 침이 마르도록 찬양했다. 얼마 후 학부모 강연을 위해 강북에 있는 인문계 고등학교를 방문했다. 모교 은사이신 교장 선생님께서 어려움을 호소하셨다. 특목고에 진학한 학생들이 빠져나간 교실의 분위기를 공부에 열의가 없는 학생들이 주도하고 있다는 지적이었다. 학원에 가서 공부할 생각에 학교 수업을 소홀히 하는 학생들이 수업 분위기를 흐린다는 지적과는 또 다른 차원의 절망감을 낳는다. 특목고에 다니는 학생들 중 일부는 자신들이 다녔던 중학교 교실이 죽어 있었다고 말한다. 살아 있는 지금의 특목고 교실이 너무도 마음에 든다고 얘기한다. 학생이나 선생님의 이런 하소연들이 특목고나 자사고를 확대하고 수준별 수업을 강화해야 한다는 주장에 설득력을 더해주고 있다. 하지만 죽어가는 일반 고등학교 교실은 어찌 하란 말인가?

교육 경쟁력을 강화하기 위해서는 우수한 학생과 열등한 학생을 분리하는 방법밖에는 없단 말인가? 분명 핀란드는 그렇지 않다는 사실을 웅변하고 있지 않은가? 원작자도 말한다. 못하는 사람은 못하는 대로 둬도 괜찮다는 생각이 일본 교육의 근본적인 문제라고 지적한다. 핀란드 교육계에서도 영재들을 따로 모아서 특별 교육을 해야 한다는 주장이 있다고 한다. 국가경쟁력 강화 차원에서 일부 경제계 인사들이 요구하지만 여론의 지지를 얻기에는 역부족인 모양이다. 정말 우리 사회와는 다른 분위기 아닌가? 핀란드가 성공한 협동 수업 모델에 대한 사회적 실험을 시급하게 제안한다. 아무도 버리지 않지만 그렇다고 우수한 학생도 피해를 입지 않는 그런 모델이 성공하면 우리 교육의 향후 행보는 크게 달라질 것이다. 교실 안의 이야기에 핀란드 배우기를 국한하려고 했지만 끝내 참지 못하고 마무리 글에서 결국 사회적인 이슈를 제기하게 되었다. 전문계 고등학교는 차치하고 일반 인문계 고등학교에서도 공부를 포기하는 학생들이 속출하는 우리의 현실을 더 이상 방관할 수는 없다고 생각하기 때문이다. 낙오자를 허용하지 않기 위해 제도와 문화 그리고 모든 교육 관계자들이 똘똘 뭉쳐 움직이는 핀란드가 정말 부럽기만 하다. 그리고 핀란드가 부러운 만큼, 아니 그 이상으로 우등생과 열등생을 너무 쉽게 판정하고 고민 없이 분리하는 우리 현실이 안타깝다.

감상 3 - 약속

해설자에게는 개인적으로 매우 소중한 성공 경험이 있다. 강남구청 인터넷수능방송을 통해 학생 개인의 학습법 차원에서, 그러니까 어떤 선생님이 어떻게 수업을 하더라도 개인적인 노력을 통해 자신의 학습 잠재력을 최대한 끌어내게 한 적이 있다.

"선생님의 강의를 듣고 나서 정말 공부가 재미있어졌습니다. 짜증내면서 하던 수학이 게임으로, 꼴도 보기 싫던 영어는 새로운 도전으로 다가왔습니다. 일단 흥미가 붙으니 일사천리더군요. 재수하면서 수업시간에 단 한 시간도 자지 않았습니다. 아니, 잘 수가 없었습니다. 선생님 덕분에 수업시간의 중요성을 알았고, 수업이 굉장히 흥미로웠거든요. 예습과 복습만 죽어라 했습니다. 많이 배우려 하지 말고 공부한 거나 까먹지 말자가 제 철칙이 되었죠."

비록 재수를 했지만 수능의 언어, 수리, 외국어 영역 모두에서 만점을 받은 제자가 보낸 감사 메일의 일부를 그대로 옮겼다.

"점수들보다 중요한 변화가 일어났습니다. 이제는 공부를 재미로 하고 즐기지, 의무로 하지 않습니다. 정말 그 즐거움이 무엇인지 느낌으로 알게 되어 불안감도 없어졌습니다. 생각과 행동이 많이 변했습니다. 그래서 정말 행복하게 공부하고 있습니다."

"저는 외고에 다니고 있습니다. 친구들의 실력도 쟁쟁해서 위기감과 긴장감이 항상 가득 쌓여 있었습니다. 그래서 공부하는 시간을 무작정 늘리게 되고 심한 경쟁심에 엄청난 긴장을 느끼며 두뇌를 혹사했던 것 같아요. 아무튼 이제는 웃으면서 공부하게 되어 기쁩니다. 다시 예전처럼 '공부는 내 친구다'라는 마음을 가지게 되었습니다."

"1학기 때는 사는 게 힘들고 괴로웠는데 요즘은 너무너무 행복합니다. 그냥 영원히 고등학생으로 살고 싶어요. 우선 가장 큰 변화는 일주일이 너무 즐거워진 것입니다."

해설자가 쓴《대한민국은 사교육에 속고 있다》에 소개된 '기적의 두뇌학습법(134쪽)'의 체험담이다. 사람에게 가장 강력한 본능은 학습욕구라는 사실을 늘 확신하고 있다. 정상적인 사람이라면 누구에게나 내재되어 있는 학습욕구를 제대로 자극할 수 있다면 아무리 교육 환경이 엉망이라도 헤쳐 나갈 수 있다는, 학습 잠재력에 대한 평소 믿음을 확인할 수 있는 소중한 기회였다. 공부의 참맛을 죽이는 경쟁 스트레스와 무리한 성적 욕심에서 벗어나 진정한 공부를 경험하도록 지원한 결과는 기대 이상이었다. 정말 중요한 소득은 새로운 차원의 의욕을 다지게 되었다는 점이다. 과학적인 공부의 원리를 교실 현장에 잘 적용하면 뭔가 희망을 찾을 수 있다는 소박한 바람을 갖게 된 것이다. 답답하기만 한 교육 현실에서 발을 뺀 채 개인적으로 30년 가까이 매달려 온 '학습법'의 가치를 입증해준 제자들이 너무나도 고맙다. 태풍 앞의 나약한 갈대 이상은 될 수 없다고 생각했던 학습법을 통해 공부에서 '재미'와 '의미'를 경험한 제자들과의 인연은 지금도 계속되고 있다.

이제 개인적인 학습법이 아니라 교실에서 대한민국 학생들의 학습 잠재력을 꽃피울 수 있도록 새로운 도전을 하고 있다. 교육적으로 어떤 지원을 해야 진정으로 자기주도적인 학습이 가능할까? 학생 탓은 조금도 하지 않고 그들의 학습 잠재력을 굳게 믿으며 진정한 배움의 기회를 제공하기 위해서는 어떤 변화가 필요할까? 선구적인 학습과학learning science 차원의 연구 성과를 검토하고 핀란드의 성공 원리를 다시 재조명하면서 길을 찾고 있다. 하지만 한국적 상황에 맞추기 위해 많은 학생들과 심층 인터뷰를 하고 최대한 사전 검증 과정을 거치면서 현실성 확보를 위해서도 최선을 다하고 있다. 비록 대상이 사교육이고 재수생이 주체지만 개인적으로는 사명감을 갖고 있다. 재수생들에게 해설자는 이렇게 말한다. "너희들은 실패한 것이 아니다. 단지 한국식으로 실패했을 뿐이다. 새로운 방식으로 화려하게 부활하자!"

    이 자리를 빌려 실패와 좌절의 빌미가 되는 교육이 아니라 성공과 행복의 발판이 되는 새로운 교육 모델 개발에 동참하고 있는 주변 분들에게 진심으로 감사 인사를 전한다. 특히 방승호 교감 선생님, 박춘신 선생님, 그리고 늘 함께 하는 배정인 님, 최희경 님을 비롯한 재종반 시스템 혁신팀 멤버들과 비상공부연구소 연구원들에게도 함께 해줘서 고맙다는 인사를 전한다. 그리고 번역을 꼼꼼히 도와주신 윤지은 선생님과 마무리 단계에서 자신의 원고처럼 세심하게 다듬어준 김진규 연구원에게 많이 고맙다.
    이 책을 읽고 해설자의 순수한 의도에 공감하는 분들의 노력이 결실을 맺어 대한민국 여기저기 교실 현장에서 희망과 성공의 기운이 감돌기를 간절히 희망한다. 심각한 난맥상이 펼쳐지는 어처구니없는 현실이지만 의미 있는 성공 사례들이 교실에서 차곡차곡 쌓여간다면 분명 그 속에서 진정한 대안에 합의할 수 있는 사회적 분위기가 조성될 것으로 굳게 믿는다. 사교육계에 몸을 담고 있지만 해설자도 힘껏 그런 노력에 동참할 것을 굳게 약속한다.

핀란드 교실혁명

원   작 | 후쿠타 세이지
옮긴이 | 박재원·윤지은
해   설 | 박재원

초판 1쇄 발행일 2009년 10월 16일
초판 9쇄 발행일 2017년 3월 17일

발행인 | 한상준
기획 | 박재호·이둘숙
편집 | 윤정숙
마케팅 | 박신용
독자관리 | 이재희
디자인 | 양시호·디자인포름·김경년
종이 | 화인페이퍼
출력 | 경운출력
인쇄 | 영신사
제본 | 우진제책

발행처 | 비아북(ViaBook Publisher)
출판등록 | 제313-2007-218호(2007년 11월 2일)
주소 | 서울시 마포구 연남동 567-40 2층
전화 | 02-334-6123 팩스 | 02-334-6126 | 전자우편 crm@viabook.kr

Korean translation copyright ⓒ 2009 by ViaBook
ISBN 978-89-93642-08-7 03370

- 이 책은 저작권법에 따라 보호받는 저작물이므로 무단전재와 무단복제를 금합니다.
- 이 책의 전부 또는 일부를 이용하려면 저작권자와 비아북의 동의를 받아야 합니다.
- 이 도서의 국립중앙도서관 출판시도서목록(CIP)은
  e-CIP 홈페이지(http://www.nl.go.kr/cip.php)에서 이용하실 수 있습니다.
  (CIP 제어번호:2009002997)
- 잘못된 책은 바꿔드립니다.